中/华/少/年/信/仰/教/育

# 琴棋书画的故事

中华少年信仰教育读本编写委员会 / 编著

信仰创造英雄　信仰照亮人生

中国出版集团有限公司

世界图书出版公司
北京　广州　上海　西安

图书在版编目（CIP）数据

琴棋书画的故事 / 中华少年信仰教育读本编写委员会编著 . — 5 版 . — 北京：世界图书出版公司，2016.5（2024.5 重印）
ISBN 978-7-5192-0875-2

Ⅰ. ①琴⋯　Ⅱ. ①中⋯　Ⅲ. ①中华文化—青少年读物　Ⅳ. ① K203-49

中国版本图书馆 CIP 数据核字 (2016) 第 049006 号

| | |
|---|---|
| 书　　名 | 琴棋书画的故事 |
| | QINQISHUHUA DE GUSHI |
| 编　　著 | 中华少年信仰教育读本编写委员会 |
| 总 策 划 | 吴　迪 |
| 责任编辑 | 张建民 |
| 特约编辑 | 金敬梅 |
| 出版发行 | 世界图书出版有限公司北京分公司 |
| 地　　址 | 北京市东城区朝内大街 137 号 |
| 邮　　编 | 100010 |
| 电　　话 | 010-64033507（总编室）　（售后）0431-80787855　13894825720 |
| 网　　址 | http://www.wpcbj.com.cn |
| 邮　　箱 | wpcbjst@vip.163.com |
| 销　　售 | 新华书店及各大平台 |
| 印　　刷 | 北京一鑫印务有限责任公司 |
| 开　　本 | 165 mm×230 mm　1/16 |
| 印　　张 | 11.5 |
| 字　　数 | 150 千字 |
| 版　　次 | 2016 年 8 月第 1 版 |
| 印　　次 | 2024 年 5 月第 5 次印刷 |
| 国际书号 | ISBN 978-7-5192-0875-2 |
| 定　　价 | 45.00 元 |

版权所有　翻印必究

（如发现印装质量问题或侵权线索，请与所购图书销售部门联系或调换）

# 序　言

　　信仰是什么？

　　列夫·托尔斯泰说："信仰是人生的动力。"

　　诗人惠特曼说："没有信仰，则没有名副其实的品行和生命；没有信仰，则没有名副其实的国土。"

　　信仰主要是指人们对某种理论、学说、主义或宗教的极度尊崇和信服，并把它作为自己的精神寄托和行动的榜样或指南。信仰在心理上表现为对某种事物或目标的向往、仰慕和追求，在行为上表现为在这种精神力量的支配下去解释、改造自然界和人类社会。

　　信仰，是一个人在任何时候都不能丢的最宝贵的精神力量。人有信仰，才会有希望、有力量，才会树立正确的价值观，沿着正确的道路前行，而不至于在多元的价值观和纷繁复杂的世界中迷失方向。

　　信仰一旦形成，会对人类和社会产生长期的影响。青少年是社会的希望和未来的建设者，让他们从普适意识形成之初就接受良好的信仰教育，可以令信仰更具持久性和深刻性，可以使他们在未来立足于社会而不败，亦可以使我们的伟大祖国永远立于世界民族之林。

　　事实上，信仰教育绝不是抽象的、概念化的教育，现实生活中，我们有无数可以借鉴的素材，它们是具体的、形象的、有形的、活生生的，甚至是有血有肉的。我们中华民族有着几千年的辉煌历史，多少仁人志士只为追求真理、捍卫真理，赴汤蹈火，前仆后继；多少文人骚客只为争取心中的一方净土，只为渴求心灵的自由逍遥，甘于寂寞，成就美名；多少爱国志士只为一个"义"字，不惜抛头颅、洒热血。他们如滚滚长江中的朵朵浪花，翻滚激荡，生生不息，荡人心魄。如果我们能继承和发扬这些精神和信仰，用"道"约束自己的行为，用"德"指导人生的方向，那么我们的文明必将更加灿烂，我们的国运必将更加昌盛。

正基于此，"中华少年信仰教育读本系列丛书"应运而生。除上述内容外，本丛书还收录了中国人民百年来反对外来侵略和压迫，反抗腐朽统治，争取民族独立和解放，前赴后继，浴血奋斗的精神和业绩，尤其是中国共产党领导全国人民为建立新中国而英勇奋斗的崇高精神和光辉业绩；不仅有中国历史上涌现出的著名爱国者、民族英雄、革命先烈和杰出人物，还有新中国成立以后涌现出的许许多多的英雄模范人物。

阅读这套丛书，能帮助青少年树立自己人生的良好的偶像观，能帮助青少年从小立下伟大的志向，能帮助青少年培养最基本的向善心，能帮助青少年自觉调节自己的行为，能帮助青少年锁定努力的方向，能帮助青少年增加行动的信心和勇气。

习近平总书记说："人民有信仰，民族才有希望，国家才有力量。"因此我们有理由相信：少年有信仰，国家必有希望。

中华少年信仰教育读本编写委员会

# 目录

## 第一章 琴——交情通意心和谐 / 001

伏羲创瑶琴的传说 / 001

秦汉古琴 / 005

对酒当歌的魏晋琴乐 / 008

霓裳羽衣的隋唐琴风 / 010

宋元词曲琴乐声 / 013

明清的琴曲派与琴歌派 / 014

高山流水遇知音 / 016

《胡笳十八拍》诉离苦 / 018

师旷一曲惊天地 / 020

邹忌说琴谏国王 / 023

琴中之龙 / 026

琴派的兴旺 / 032

琴的构造 / 035

孔子的礼乐观 / 038

琴诗与乐府 / 042

佛家的禅与琴 / 047

"竹林七贤"与古琴 / 050
陶渊明的无弦之琴 / 053

## 第二章　棋——名流清乐风雅事 / 055

尧造围棋的传说 / 055
帝王的新宠 / 059
天地一棋局 / 062
梁武帝与围棋大赛 / 065
大唐的棋中豪杰 / 066
围棋在日本 / 068
赛场论棋 / 071
博大精深的棋经 / 073
哪有才人不爱棋 / 075
棋　谱 / 080
文人与围棋 / 082

## 第三章　书——笔墨纵横气象新 / 085

横空出世的汉字 / 085
甲骨文和金文 / 087
书写的官方化 / 090

程邈创隶书 / 091

汉隶的兴盛 / 092

魏晋的风流书法名人——钟繇 / 095

"书法第一人"王羲之 / 097

智永和尚的佛理书法 / 101

"初唐四大家" / 102

张旭与怀素的草书 / 106

颜筋柳骨 / 109

北宋书法四大家 / 113

南宋四大家 / 119

台阁体的产生 / 120

风流才子祝允明 / 121

文徵明的行书和小楷 / 123

徐渭的悲叹 / 126

以古为师的董其昌 / 128

王铎和傅山 / 130

碑派的兴盛 / 133

## 第四章　画——丹青意境趣成诗 / 139

彩陶与图腾 / 139

自觉的时代 / 142
审美的引领 / 143
师诸造化的范宽 / 147
文人画的特殊性 / 149
清画坛的流派 / 151
妙画通灵顾恺之 / 154
"画圣"吴道子 / 155
荆浩的笔法 / 157
"胸有成竹"的文同 / 158
"风流才子"唐伯虎 / 160
八大山人 / 161
敦煌壁画 / 163
诗中有画，画中有诗 / 166
《清明上河图》 / 168
黄公望《富春山居图》 / 170
阎立本《步辇图》 / 172
周昉《簪花仕女图》 / 174

# 第一章 琴——交情通意心和谐

古琴，是中华民族最早的弹弦乐器，有着悠久的历史，集中国传统音乐和文学艺术之大成，是中华传统文化之瑰宝。琴棋书画中的"琴"一般指的是古琴（为区别于西方乐器，在"琴"前加了一个"古"字），又叫瑶琴、玉琴或者七弦琴。琴的历史比中国的文字历史还要悠久，有文字可考距今已经有四千余年了。我们的祖先很早就认识到，音乐是人类心灵受到外界事物的感应时，在情感和意志上的一种反映。音乐是在一定的物质基础上，人们追求美的一种体现，《乐记·乐本篇》在对音乐的概念做出诠释时说："凡音之起，由人心生也。人心之动，物使之然也。感受于物而动，故形于声。声相应，故生变，变成方，谓之音。比音而乐之，及干戚羽旄，谓之乐。"

## 伏羲创瑶琴的传说

关于古琴的历史众说纷纭，有的说距今大约有四千余年，有的说是三千年左右，这无疑给琴蒙上了一层神秘的面纱。关于琴的传说可以追溯

到我国的"三皇五帝"时期。我国一直流传着一个伏羲、神农造琴的传说——"削桐为琴，绳丝为弦"。有关古琴的记载最早见于《诗经》《尚书》等文献。我们最熟悉的《诗经·周南·关雎》中"窈窕淑女，琴瑟友之"的"歌词"告诉我们当时已经有琴这种乐器了。《诗经》中还有一些歌词，也提到了古琴，比如：《诗经·小雅·鹿鸣》中的"呦呦鹿鸣，食野之萍。我有嘉宾，鼓瑟吹笙"，《诗经·小雅·棠棣》中的"妻子好合，如鼓瑟琴"，《诗经·郑风·女曰鸡鸣》中的"琴瑟在御，莫不静好"……《诗经》是歌曲集，因此可以判断，当时已经出现了大量的乐器，在《尚书》中同样有记载："舜弹五弦之琴，歌《南风》之诗，而天下治。"这说明古琴至少在春秋时期，已是一件非常普遍且受古人喜爱的乐器。

中国的祖先们在没有文字用于记录的情况下，口口相传，在传播的过程中未免会掺杂一点儿个人的情感，将琴的诞生神化也是情理之

中的事情。"伏羲伐桐创瑶琴"的传说便是如此。

据说，上古时代有一个极乐世界，叫作华胥氏国，华胥氏国有一位天生丽质、娴静淑雅的姑娘，名叫华胥，也叫华胥氏。有一天，华胥氏闲来无事，到东方世界游玩，见到了一个大沼泽——雷泽。这片沼泽附近，丛林茂密，风景如画，华胥氏在这儿玩得十分开心。忽然，在沼泽的不远处，华胥氏发现了一个巨大的脚印，在好奇心的驱使下，她将自己的脚放在了那个大脚印里。那个巨大无比的脚印实际上是天帝的足迹，华胥氏接触了那个脚印后，就神奇地怀孕了。她回到极乐世界后不久，生下了一个男孩，就是现在被称为"三皇之首、万王之先"的伏羲。

伏羲长着龙的身子、人的头，刚生下来就会跑，在风雨的吹打下迅速长成一个巨人。长大后，伏羲问母亲自己的父亲是谁，母亲知道无法隐瞒了，就将那个东方国家的事情告诉了伏羲。伏羲猜想自己的父亲就是雷神，决定带上干粮去找自己的父亲。他翻越了千山万水，也没有找到上天的通道，最后到了都广之野。这是一片富庶之地。伏羲在这片丛林之中发现了一棵名叫"建木"的树。伏羲顺着这棵高耸入云的树到了天上，找到了自己的父亲。

伏羲找到自己的父亲后，将母亲接到了天上，一家人终于团聚了。伏羲在父亲的教导下，开始关心民间疾苦，解决了很多民间关心的问题。为了给民间增加生活的乐趣，他还想到创造音乐。有一天，伏羲发现了一片梧桐树林，看到了百鸟朝凤的壮观景象，那两只大鸟"即足即足"地叫，旁边的百鸟也都一齐叫了起来，仿佛在向天帝朝贺。伏羲认为凤凰是有灵性的东西，能通天祉，应地灵，律五音，览九德，它非竹不食，非醴泉不饮，非梧桐不栖。因此梧桐必定是树木中的神灵之物，堪为雅乐，于是伏羲令人将梧桐截为三段。伏羲用手敲上段，声音太清，而下段声音太浊，中间的清浊相济，最适合作为琴的材质。

伏羲找到材质后命令神工巧匠来造乐器，但是没有一个人知道该怎么做。伏羲根据周天365度之数将桐木削成三尺六寸五分长，又按四时八节之数，定为后宽四寸，前阔八寸，然后按阴阳两仪之数定下高度，外按金、木、水、火、土五行，内按宫、商、角、徵、羽五音安上五根弦。随后又依百鸟朝凤凰的情景编创了《驾辩》，供弹唱。

我国最古老的弹弦乐器就这样诞生了。从此人们遇到什么节日的时候就会弹奏起这把琴，高唱它演奏的音乐。王母娘娘知道这件事后，在宴请的时候，特意调来了伏羲的琴来演奏助兴。天神们根据它的来历，即凤凰为百鸟之王的寓意，给它取名为"琴"（琴在古代写作"栞"，树上有两只鸟中之王），又因为是在瑶池取的名字，又名"瑶琴"。

当然，"伏羲伐桐创瑶琴"只是一个美丽的传说，但是这个传说也不会是凭空编造的，必然和琴有一定关系。如果从可信度较高的文字来看，琴的出现是在遥远的舜时代。《尚书》载："舜弹五弦之琴，歌《南风》之诗，而天下治。"可见琴中出现最早的就是五弦琴。琴在周代的时候发展成七弦琴，《风俗通》："七弦者，法七星也，大弦为君，小弦为臣，文王、武王加二弦，以合君臣之恩。"琴的产生时间模糊不定，但是琴的发展是我们可以从文献中了解到的。随着经济的发展，琴这种奢侈品开始有了相对快速的发展。到春秋时期，琴已经具有了一定的艺术表现力。当时的大政治家、教育家孔子很喜欢弹琴，无论在杏坛讲学，或是受困于陈蔡，操琴弦歌之声不绝；与他同时期的俞伯牙和钟子期"高山流水觅知音"的故事，成为广为流传的佳话美谈。当时有名的琴师有卫国的师涓、晋国的师旷、郑国的师文、鲁国的师襄等；著名的琴曲如《高山》《流水》《雉朝飞》《阳春》《白雪》等，均已载入史册。

## 秦汉古琴

凤兮凤兮归故乡，遨游四海求其凰。
时未遇兮无所将，何悟今兮升斯堂！
有艳淑女在闺房，室迩人遐毒我肠。
何缘交颈为鸳鸯，胡颉颃兮共翱翔！
皇兮皇兮从我栖，得托孳尾永为妃。
交情通意心和谐，中夜相从知者谁？
双翼俱起翻高飞，无感我思使余悲。

这是汉朝大辞赋家司马相如的《凤求凰》，我们不用弄清楚每个字的意思就能感受到浓浓的情谊。看到这首《凤求凰》，我们就会想起司马相如和卓文君的故事，正是这首琴曲成就了司马相如和卓文君的传奇爱情。

司马相如家境贫寒，但是他从小就表现出文学天赋，擅长辞赋，琴艺卓绝，名噪一时。一天，司马相如去拜访好友王吉，当地富豪卓王孙知道后，在家设宴款待司马相如。众人酒兴正浓之时，感觉枯燥乏味，便请司马相如弹奏一曲。司马相如早就听说卓王孙的女儿卓文君才貌双全，对她仰慕已久，想趁这个机会传达自己的爱慕之情，便毫不犹豫地答应了。当时司马相如弹的就是这首《凤求凰》，深谙音律的卓文君明白了曲子中的意思，不由得心驰神往。她也经常拜读司马相如的文章,早就芳心暗许。这就是关于司马相如和卓文君的惊天动地的爱情故事。司马相如通过琴音传达出自己的爱意,成就了一段美满婚姻。

司马相如是西汉的一代才子,不仅他喜欢琴,当时的文人雅士也都将琴艺视为必备技艺。秦统一六国后,在全国施行大一统的文化政策,将六国的乐妓和钟鼓乐等都集中到了朝廷之中,还专门成立了音乐机构——乐府。统治者的重视是琴艺发展的最大动力。汉朝继承了秦大一统的政策,在休养生息之后,经济状况得到了很大的改善,人民生活呈现出一片欣欣向荣的景象。在此基础上,汉朝除继承了秦朝大一统的理性文化外,还散发出楚骚蕴含的浪漫气息。音乐在这一时期得到了推崇,不仅在文人墨客之中流行,而且开始在普通民众之中传播。琴在汉代得到了重大发展。

汉高祖刘邦那首著名的《大风歌》"大风起兮云飞扬,威加海内兮归故乡,安得猛士兮守四方",曾经"击筑自歌",后被列入宫廷音乐,并编为琴歌。汉武帝时期,官府更加重视音乐对百姓的教化作用,在全国各地采集民歌,对民间音乐进行整理和推广。汉朝实行开放的民族政策,少数民族的音乐在这一时期也得到了很大发展,兴起了鼓吹乐。汉代还出现了"百戏"的娱乐形式。汉代著名的琴人有西汉的司马相如、东汉的蔡邕等。司马相如是汉代最早对琴学产生影响的著名文人之一。司马相如用琴声博得了卓文君的爱情,成为文人骚客广为流传的一段佳话,其所用的琴是著名的"绿绮"。东汉末年的蔡邕年少时即以善于弹琴而知名,他为官正直,对当朝者充满了愤怒和不满,受到了官吏的残酷迫害,流亡避祸多年,其间创作了著名的琴曲《蔡氏五弄》。蔡邕对汉魏之际的琴界产生了重大影响。后世与蔡邕同为陈留(今河南开封陈留镇)人的阮籍、阮咸等名士,都以琴闻名于世。

汉代时七弦琴制基本定型。随着相和歌的兴起,特别是艺术性、音乐美感更强的相和大曲的盛行，琴逐步开始与其他乐器如笛、笙、琵琶合奏，古琴的形制得到了逐步的改善和提高。

在演奏方式上，汉代的琴曲有着自身鲜明的特点。

首先，汉代琴曲具有故事性和叙事性。汉代琴曲中大都包含了一定的人物和情节，如司马相如求爱的《凤求凰》，并且这些情节往往是比较曲折、复杂的，而古琴所演奏的音乐又是难以传达和表现这样的情节和场面的，这样，弹奏者在演奏的时候往往要加入一些口头的解释和说明。

其次，汉代古琴的演奏往往是和歌唱结合在一起的。我们由汉代流传下来许多歌辞作品，可以推想当时的演奏方式应当是边弹奏边歌唱。汉代相和歌的"相和"即表示歌唱者的唱和弹奏者的弹之间要配合、和谐。汉代以前，琴曲的传授主要靠的是口授心传，这对琴曲、琴艺的传播和改进有一定的限制作用。到了汉代，随着古琴在形制上的逐步定型和演奏技能的提高，出现了草创时期的文字谱。这种文字谱主要以文字的形式来说明弹奏的技法。这种文字谱有烦琐和不够直接的弊端，不能让学习者直接明了地看到曲调的高低、节奏的强弱，但文字谱的出现确实有助于琴曲的流传、传授、传播，对琴学的发展产生了重要的影响，具有巨大的历史价值。

## 对酒当歌的魏晋琴乐

魏晋南北朝时期是我国历史上的大动乱时期。动荡不安的社会虽然给人们的生活带来了各种苦难，但是也带来了相对宽松的政治环境，文学和音乐等都得到了有别于其他时代的发展。

"对酒当歌，人生几何。"这是曹操《短歌行》中的诗句，为喝酒歌唱助兴的想必就是古琴吧。三国时期的曹操，不但是著名的军事家，还是著名的文学家。曹操以通脱、豪迈的诗文开创了建安一代文风，其中的乐府作品，即是通过配乐而流传后世的。曹操积极恢复凋敝的文化事业，文治武功集于一身，横槊赋诗，成为一段佳话。在曹操父子周围形成了著名文学团体"建安七子"。这一时期的蔡琰（蔡文姬），以及"建安七子"中的阮瑀等，都善于鼓琴，他们对琴学的恢复和发展都产生了积极的影响。曹操在世时虽然没有一统天下，但他也是一位领袖人物，和他一样喜爱音乐的帝王还

有梁武帝。他们两个对音乐的热爱有些不同，曹操擅长乐府诗，自然是喜欢正统的音乐形式，而梁武帝则喜欢佛乐，将佛乐引入宫廷，使佛乐第一次以"雅乐"的身份存在。不管是何种形式的喜爱，统治者的喜好都会带动一时的风气，大臣们为了迎合帝王的爱好，会不惜一切代价搜罗民间的各种舞曲、民谣，这就是帝王的影响力。

除了帝王的倡导，文人始终是推动琴艺发展的主力。魏晋南北朝时期"建安七子"中的阮瑀、"竹林七贤"、蔡琰、宗炳等都为琴的发展做出了卓越贡献。这一时期琴摆脱了礼教的束缚，不再只是儒家进行说教的工具，开始成为一种真正的艺术。琴逐渐成为文人墨客抒发个人情怀的很好的寄托。当时的知识分子采取了与当权者不合作的态度，他们越名教而任自然，恣肆纵逸，其中最著名的是"竹林七贤"中的阮籍和嵇康。他们不但善于弹奏，还能积极地进行创作，并且对琴学都有精湛的研究，他们的美学思想对琴界产生了深远的影响。

这一时期产生了许多著名的琴曲作品。蔡琰谱一曲《胡笳十八拍》传自己凄凉身世，阮籍以一曲《酒狂》抒自己心中愤懑之情，嵇康弹一曲千古绝响《广陵散》表自己"世人皆浊我独清"的志向。琴是文人墨客的忠实朋友，二者可以互诉衷肠。"竹林七贤"的孤绝淡雅、放浪不羁的风格，成为世人追求的至高境界，世人竞相模仿他们的行为风格，尽管只是模仿到了一些外在行为，内涵远远不及"竹林七贤"，但是他们确实影响了一大批人，使其开始接触琴这种雅致的乐器。

使琴平民化的不光有文人们的吸引力作用，还有当时社会环境的影响。随着丝绸之路的开辟，传入了大量的异域音乐。这些新兴的音乐元素和汉魏以来的传统音乐形成了一种互动，加上整个社会生活处于动荡不安当中，民族的迁徙与融合，使得传统音乐焕发出了新的容颜，其中最能体现魏晋南北朝时期这方面特征的音乐形式是清商乐。清商乐可以说是秦汉以来传统音乐中重要的一脉，而魏晋南北朝所承接的正是这一艺术形式；同时，魏晋南北朝的清商乐的发展，又直接开启了在隋唐高度发展的燕乐的先声，隋唐宫廷燕乐各部中的"清乐"，就是经过充分发展而定型化了的清商乐形态。

## 霓裳羽衣的隋唐琴风

**霓裳羽衣舞歌**

我昔元和侍宪皇，曾陪内宴宴昭阳。
…………
磬箫筝笛递相搀，击擪弹吹声逦迤。
散序六奏未动衣，阳台宿云慵不飞。
中序擘騞初入拍，秋竹竿裂春冰坼。
飘然转旋回雪轻，嫣然纵送游龙惊。
…………
移领钱塘第二年，始有心情问丝竹。
玲珑箜篌谢好筝，陈宠觱篥沈平笙。
清弦脆管纤纤手，教得霓裳一曲成。
…………

一首《霓裳羽衣》曲震撼了唐朝，更给后人留下了一份宝贵的财富。这首舞曲涉及了多种乐器，中唐时期流行于宫廷。说到这首曲子，不得不提我国"四大美女"之一的杨玉环，也不得不说一下杨玉环与唐玄宗的生死之恋。

杨玉环初为唐玄宗李隆基儿子寿王李瑁的一名妃子，因天生丽质，被李隆基看中而选入宫中，成为李隆基的宠妃，演绎了一段感人至深的爱情故事。传说，有一天杨玉环到花园赏花解闷，无意中碰了一下花园中的花草，花草马上卷起了叶子，这一场景被当时的宫女们看到并传了出去，李隆基知道后赞叹她有"羞花"之容。众所周知，古代皇帝后宫佳丽三千，杨玉环只凭她的美貌不可能被皇帝长期宠爱。杨玉环很聪慧，能看透皇帝的心思，而且处处为皇帝着想，当然她也有一身的绝技，琴棋书画样样精通是必然的。

白居易写完《霓裳羽衣》后，得到当时文人骚客的广泛传颂，受到了很高的评价。于是，当时的开元中西凉节度使杨敬述将它呈献给宫廷。善于音律的唐玄宗李隆基对其进行了加工润色，成为宫廷流行曲《霓裳羽衣曲》。他的专宠杨贵妃善长歌舞，将他的《霓裳羽衣曲》演绎得栩栩如生，惟妙惟肖。唐玄宗李隆基看杨玉环跳《霓裳羽衣舞》看得出神。酷爱歌舞的两个人可能是兴趣相投，或许是一见钟情，又或许是冥冥之中注定相爱，但不管是什么原因，结果都是感人至深。他俩演绎出皇家少有的爱情、真情，被世人传颂。但可能是上天都嫉妒这对恩爱的鸳鸯，在"安史之乱"中，杨玉环的哥哥叛乱，杨玉环也成了众矢之的，在大臣们的咄咄相逼之下，李隆基无奈处死了自己最爱的女人。杨玉环为了自己最爱的人，结束了自己的生命，他们的生死恋为这首《霓裳羽衣曲》更增添了几分浪漫色彩。

从上文可以看出，唐朝时期琴已经不是进行单纯的独奏抑或伴奏，而是已经和歌舞融为一体，充分继承了汉魏以来形成的风格多样、形式多样的音乐歌舞。以沟通东西方的丝绸之路为途径，博采众长，兼收并蓄，经过新的融合、创新，中国古代音乐史上最终形成了一个堪称空前繁盛发达的音乐文化发展新局面。鉴于这个时期的音乐特点，琴文化在此时不再成为宫廷音乐文化的主流，而是形成了"具范兼容"的一代乐风，具备了辉煌灿烂的盛唐气象之质。

在这个时期，西域音乐兴起，琵琶盛行，古琴艺术的发展受到了相当大的限制。王建《凉州行》中有这样的诗句："城头山鸡鸣角角，洛阳家家学胡乐。"而古琴除了在宫廷雅乐中以及燕乐的清乐中有其固定的位置外，毫无地位可言了。在唐代的乐队中，琵琶是主要乐器之一。这个时候幸好产生了古琴谱，使当时的古琴音乐艺术得以保留和传播，古音乐艺术在百舸争流中得以稳步前进。以琴艺见长的文人名士，对古琴艺术的流播也起到了至关重要的作用。隋代的王通、王绩兄弟，唐代的赵耶利、董庭兰、薛易简等都是著名的文人名士，也是著名的琴人。他们在琴乐实践的基础上对琴艺的发展有着重大贡献，因此，大量的琴谱、成果丰硕的著述得以传世。

虽然琴不再是隋唐这一时期宫廷音乐文化的主流，但是隋唐琴艺的发展呈现出了独特的特点：首先，琴曲艺术为更广泛的其他社会阶层所接受，涌现出了一大批杰出的琴师、琴家，他们对琴艺的发展起到了积极的推动作用。其次，大量的琴曲在隋唐之际特别是唐代广为流传，曲目空前丰富，题材内容广泛，形式、体裁多样，

有小调、操弄、杂曲、琴歌等，不少传统的优秀曲目如《广陵散》等，都得到了较为系统的整理、加工和发展。再次，琴谱在记法上取得了较大的成就，由文字谱改进为减字谱。由于琴谱的发展，当时许多流行的曲目得以编辑为谱集，得以流传后世。最后，琴的制作技术和工艺也取得了突飞猛进的发展，出现了一批著名的制琴大家，如雷威等，他们制作的一些名琴一直为后人所珍视。这些名琴世代流传，其中有些一直流传到今天。

## 宋元词曲琴乐声

赵宋结束了晚唐、五代以来的分裂局面，重新统一了中国，政治经济文化得到了恢复和发展。随着工商业城市的兴起，新兴的文学艺术如戏曲、曲艺、词曲等得到了进一步的繁荣，超越了唐代，琴曲艺术同样有突出的发展。

元代统治者由于是游牧民族，一些蒙古贵族偏好音乐，甚至喇嘛都蓄有女乐，城市音乐比较活跃，元代戏曲杂剧发展迅速。当时元代的都城大都（今北京）和杭州一北一南，成了全国的两大音乐中心。元代统一全国促进了各民族及各国间音乐文化的交流和融会、发展，许多外域的音乐文化和乐器传到大都一带。这又一次开阔了我国传统音乐界的眼界，推动了整个元代音乐的发展。在这样的背景下，古琴艺术在元代有所沉寂，但在大的东西音乐交会发展的环境下，它也有所创获。

与以前相比，曾经以光彩夺目的内容和形式而成为当时音乐文化成就代表的隋唐宫廷燕乐、歌舞大曲，在宋元之际已经让位给具有万般形态的世俗音乐。承隋唐词曲发展的遗风，宋代词调音乐获得了空前的发展，为琴的发展起了积极的作用。

这个时期，适合文人、士大夫等不同阶层欣赏品位的音乐形式、体裁都纷纷涌现。无论是倚声词乐、北剧南戏，还是散曲、诸宫调等，无不在中国音乐发展史上处于一个继往开来、推陈出新的新时期。北宋琴家与文人进行合作，创作了一系列优秀的作品，如苏轼在欧阳修的散文名篇《醉翁亭》的基础上，与琴人崔闲合作创作了琴曲《醉翁吟》。北宋著名文坛领袖式的人物，如范仲淹、欧阳修、王安石等，都和琴人有密切的交往，往往是文学大家写出词来，琴人进行谱曲，这种词曲结合的创作形式在北宋非常流行。

北宋时期，调子是当时盛行的琴歌体裁，而操弄则泛指传统大型琴曲。词、曲子、调子三者既有关联，又有区别，同时在宋代发展起来。调子和宋代新兴的文学形式——词有很大关系。一般来说，调子的文学部分是词，用来演唱的则是曲子，在琴曲中边弹边唱则为调子。北宋时期，人们对调子和操弄两种不同体裁的特点有着深刻的认识。调子和操弄的区别在曲体形式、所表现的内容、艺术风格、演奏艺术等各个方面。宋人演奏调子要吟猱亲切，下指简静，好比是作五言诗一样，虽然短小但意味无穷。调子这种力求在淡中求有味有韵的艺术形式，好比是吃橄榄一样。而操弄则好比是长韵诗，它的演奏要轻重起伏有节，首尾相贯，要如暴风骤雨一般，一发则中，使人神魄飞动。

在当时专业琴师的带动和统治者的大力提倡下，不少文人和业余爱好者都参与到了琴曲的创作中。宋代的琴曲不但在数量上远远超过了前代，而且在质量上也有显著的提高。琴曲以及由此而总结积淀的琴学理论等对明清两代都产生了重大影响。

## 明清的琴曲派与琴歌派

明清两代是我国封建社会的末期，社会经济得到空前的发展，生产力水平有了显著的提高。东南地区的手工业甚至出现了萌芽状

态的资本主义生产关系，城市经济进一步繁荣，市民阶层扩大，市民意识增强。这些都要求适应市民阶层的文学艺术有所发展。为适应市民阶层的需要，一大批新的音乐形式应运而生，鼓词、弹词等说唱音乐，鼓吹、丝竹、锣鼓等民间乐器合奏以及昆曲、秦腔、京剧等在此时期逐步形成，并登上历史的舞台。各类内容丰富、表现形式多样的民歌、小曲在明清时期也得到了重要发展。同时，明清两代出版业发达，为音乐文化、琴学艺术的传播提供了物质条件，如自明代嘉靖末年开始，几乎3—4年就有一部新的琴谱专集问世。

明清时期，器乐的发展表现为民间出现了多种器乐合奏的形式。如北京的智化寺管乐、河北吹歌、江南丝竹、十番锣鼓等等。明代的《平沙落雁》、清代的《流水》等琴曲以及一批丰富的琴歌《阳关三叠》《胡笳十八拍》等广为流传。琵琶乐曲自元末明初《海青拿天鹅》以及《十面埋伏》等名曲问世，至清代还出现了华秋萍编辑的最早的《琵琶谱》。

明清两代的中央集权的封建统治逐步加强，对文化艺术的统治也日趋严厉，这是对音乐文化发展不利的一面。明清两代，尤其是清代，统治者大力提倡雅乐，并对宫廷音乐极为重视。清代宫廷音乐形式庞大，是自隋唐以来规模最大的。但宫廷音乐的发展却受到了各种因素的阻碍，时代氛围的不同，民间众多音乐形式的冲击，

015

加上自身的僵化在明清之际已经呈衰微之势。古琴也被组织在庞大的宫廷音乐系统当中，例如在宫廷音乐各种形式中占有最重要的地位的中和韶乐，其中乐器组成部分就有古琴。

明清两代琴派兴盛，琴人众多，仅见于记载的清代琴人就超过千人。明代琴派主要可以分为江、浙两派。江派指松江刘鸿的一派，浙派则直接继承了南宋徐天民的琴艺传统，其中浙派取得的成就更大，他们有多部琴谱专集传世，门生众多，影响较大。明代后期，琴派又有发展，出现了虞山派、绍兴派以及江派等。

明代善于制琴的工匠也有善于弹琴的，如一姓徐的染匠善于弹琴，虞山琴派的严徵就是得自他的传授。著名的琴家有徐仲和、严徵、徐青山。明末一些琴家也参加了抗清活动，如著名琴人邝露，琴书兼善。清兵入广东后，他率众将士抵抗，城郭沦陷之后，绝食抱琴而亡。清代的琴人大都集中在经济文化发达的吴越地区，他们由于地缘上的接近，经常聚会，相互切磋琴艺，成立琴社，交流观摩，广泛吸收各家之长。清代编印的琴曲谱集数量也非常大，刊印的古琴谱集，甚至超过了明代一倍以上。明清之际，私人集资刊刻琴谱的风气也非常盛行，从15世纪初到19世纪末的500年间，先后刊出的琴谱集在百种以上。这些刊刻的资料不仅使许多古代琴曲得以很好地保存，而且也促进了不同古琴流派之间的艺术交流。

从整体上来看，明清之际的琴派可以分为器乐和声乐两大派。以器乐为主的琴派和以声乐为主的琴派，前者主张琴曲，而后者倡导的是琴歌。浙派中的徐门属于器乐派，主张古琴应作为独奏乐器来发挥古琴自身的声韵因素。

## 高山流水遇知音

琴自发明之日起，就被赋予了生命，而不是一块"呆木头"。

中国人不像外国人那样直白,喜欢将自己想说的、想表达的巧妙地流露出来。琴就是古代文人有感而发、传情达意的一种很好的工具。所以说每首曲子都是抚琴人的心的呼唤,需要我们细细体味,但不是每个人都懂其中的滋味。

相传,春秋战国时期的俞伯牙,是当时著名的琴师,善弹七弦琴。俞伯牙天资聪颖,跟着成连师傅刻苦学了三年后,已十分熟练地掌握了各种技法。尽管指法纯熟,但弹得没有老师那样动听。俞伯牙精益求精,想达到老师弹琴的那种境界,但苦于不得要领,十分苦恼,就问老师:"老师,怎样才能曲为心声,心手合一呢?"老师摇摇头:"伯牙,我能教会你弹琴,却没有办法教会你用乐曲表达心声,让你心手合一。"俞伯牙一脸失望的神色。看到满脸失望的俞伯牙,成连师傅很是愧疚,这时他想到了自己的老师方子春。方子春有"移情"之术,于是成连介绍俞伯牙去找他。

俞伯牙求学心切,听老师一说,十分高兴。于是,师徒二人就带着干粮,驾舟前往东海蓬莱岛。到达岛上,俞伯牙跟着老师找到一间没人住的草房。"真是不巧,我的老师不住在这里了。你暂且留宿在这里练琴，我乘船去把我的老师迎回来。我十天半月就回来了。"成连说罢，扬帆而去。

几天过去了，却总不见成连回来。俞伯牙伫立在海边，希望自己的老师能把方子春请回来，向他传授心诀妙法以提高琴艺。每天清晨，俞伯牙都会到海边去等师傅，但是师傅一直没出现。他每天清晨都会看到海上日出时的灿烂光辉，或者是阴天时的狂风大浪，每当他看到这些情景时，他就会不由自主地拿出琴，跟着大自然的节奏演奏起来。

俞伯牙等候了多日，仍不见成连的到来，耳畔有的只是汹涌澎湃的海涛声和幽暗山林中群鸟的合鸣声。俞伯牙苦思良久，终于恍然大悟：原来老师要我把心中的烦躁涤净，转移我的性情，其实并没有什么方子春。于是，俞伯牙潜下心来，将他听见的声音、看见的景物融入自己的情怀之中，果然韵律与心神合一了。

俞伯牙学成之后，经常在空旷之地弹琴抒情。一次，他在荒山野地弹琴，一个叫钟子期的樵夫，在附近的山上砍柴，听到伯牙的琴声后，领会到曲子描绘的是"巍巍乎志在高山"和"洋洋乎志在流水"。伯牙听到子期的评价，甚是惊喜地说："善哉，子之心与吾同。"自此他们两个成了无话不谈的知己，伯牙以一曲《高山流水》觅得知音，后来"高山流水"就成了"知己"的代称。子期死后，伯牙痛失知音，摔琴断弦，终身不操，高山流水成为一段佳话。

## 《胡笳十八拍》诉离苦

我生之初尚无为，我生之后汉祚衰。天不仁兮降乱离，地不仁兮使我逢此时。干戈日寻兮道路危，民卒流亡兮共哀悲。烟尘蔽野兮胡虏盛，志意乖兮节义亏。对殊俗兮非我宜，遭恶辱兮当告谁？笳一会兮琴一拍，心愤怨兮无人知。

戎羯逼我兮为室家，将我行兮向天涯。云山万重兮归路遐，疾风千里兮扬尘沙。人多暴猛兮如虺蛇，控弦被甲兮为骄奢。两拍张弦兮弦欲绝，志摧心折兮自悲嗟。

越汉国兮入胡城，亡家失身兮不如无生。毡裘为裳兮骨肉震惊，羯膻为味兮枉遏我情。鼙鼓喧兮从夜达明，胡风浩浩兮暗塞营。伤今感昔兮三拍成，衔悲畜恨兮何时平。

无日无夜兮不思我乡土，禀气含生兮莫过我最苦。天灾国乱兮人无主，唯我薄命兮没戎虏。殊俗心异兮身难处，嗜欲不同兮谁可与语！寻思涉历兮多艰阻，四拍成兮益凄楚。

…………

"胡笳十八拍"，一听这个名字就有点儿少数民族的意味，名字中有"胡笳"二字，是因为这首曲子融合了北方少数民族匈奴之音。这首曲子的作者是东汉末年的才女蔡文姬。

生不逢时的蔡文姬命运十分坎坷，她的父亲蔡邕是当时的大文学家和大书法家，蔡文姬从小受父亲的影响，既博学能文，又善诗赋，兼长辩才与音律就是十分自然的了，可以说蔡文姬有一个幸福的童年，可惜时局的变化打破了这种幸福。到了出嫁的年龄，蔡文姬嫁给了卫仲道。卫仲道也是当时的大才子，两人也算是郎才女貌，婚姻美满。可惜好景不长，卫仲道得病去世了。正值汉末乱世，蔡文姬无依无靠，在逃亡时被掠到了匈奴，后来嫁给了左贤王为妃。嫁给左贤王的蔡文姬生活还算美满，养育了两个儿子。在匈奴的十二年里，蔡文姬学会了当地的胡笳和一些语言。她无时无刻不思念远方的故乡，但是看着两个孩子也是万分不舍，蔡文姬生活在这种极度痛苦的矛盾之中。曹操在收复中原之后，没有忘记蔡邕的托付，特地派使者到匈奴接回了蔡文姬，蔡文姬忍受着与孩子的生离死别的痛苦，最终回到了故乡。

回到家乡的蔡文姬，作了这首《胡笳十八拍》，叙述了自己坎坷的一生。这首曲子饱含着蔡文姬对自己身世的哭诉、对当时社会的不满以及与亲生骨肉不得不分离的痛苦之情等，曲风凄凉，不由得使人产生一种怜悯之情。

## 师旷一曲惊天地

古代流传的众多关于琴师的故事，说明了古琴作为音乐艺术在古代社会非常辉煌发达。这些故事中有些具有太多的想象和联想的成分，神秘而虚幻。但是我们平心论之，古琴原本就是一种钟天地神秀、集人文灵韵的神物，它与我们的社会政治发生了多层面的联系。从下面的故事中，我们可以品味出古琴在古代社会文化中的特殊品格和地位。

师旷，春秋时著名琴师，虽然眼盲，但是心不盲，他精通音律，琴弹得尤其好。当师旷弹琴时，马儿会忘了吃草，仰头倾听，鸟儿也会忘了飞翔，恍恍惚惚，丢失口中的食物。

晋平公见师旷有如此特殊的才能，便封他为掌乐太师。晋平公的王宫竣工时，要举行庆典。卫灵公为了修好两国关系，就带着乐工前去祝贺。卫灵公来到濮水河边时，天色已经暗下来，他们就在河边倚车歇息。初夏时节，皎洁的月亮高挂夜空，垂柳轻拂水面，河水静静地流着。这时，远处传来一阵非常优美的琴声，卫灵公不禁心中大悦，就让他的乐师师涓把它记录下来。

师涓领命而去，静静地坐在河边，凝神细听，整整忙碌了一夜，将乐曲记录了下来。

晋平公在他刚落成的王宫里迎接卫灵公，设了丰盛的筵席，热情地招待他。宴会上，卫灵公观赏了晋国的歌舞后，便命师涓演奏从濮河边听到的那支曲子助兴。师涓理弦调琴，尽心弹奏起来。

021

琴声如绵绵不断的细雨，又像是令人心碎的哀歌悲诉。坐在一旁的晋国掌乐太师师旷，面露微笑，静静聆听。过了一会儿，他脸上的笑容渐渐消失了，神色越来越严肃。师涓将曲子弹到一半时，师旷猛地站起来，按住师涓的手，大声喝道："停住！此乃亡国之音，万万弹不得！"

卫灵公本是来给晋平公祝贺的，听师旷这么一说，当下就愣住了。

晋平公见喜庆之时，师旷突然这么一说，弄得卫国国君如此尴尬，便厉声责问师旷："如此动听之曲，你怎么说它是亡国之音呢？"

师旷振振有词地说，那是商朝末年，商纣王的乐师演奏的，是靡靡之音，当年那位乐师抱琴从濮河跳下去，这首曲子一定是师涓在濮河边听到的。

卫灵公甚是惊讶，承认这是他们在濮河边听到的。晋平公却不以为然地说："都哪朝哪代了，我们现在演奏，有什么妨碍呢？"

师旷摇摇头，说道："佳音美曲可以使我们精神振奋，亡国之音会使人堕落。主公乃一国之君，应该听佳音美曲，为什么要听亡国之音呢？"

晋平公见卫灵公一行人非常窘迫，便命令师旷："快松手，让乐师弹下去！别扫大家的兴！今日是大喜之日，怠慢了贵宾，唯你是问！"

师旷反抗不过，只能松手。师涓终于弹完了那首乐曲。

最后一个音符消失时，晋平公见师旷满脸愠色，便问道："这是什么曲调的乐曲？"

"清商。"师旷回答。

"是不是最悲凉的曲调？"

"不是，比它更悲凉的还有'清徵'。"

晋平公道："好啊，作为回礼，就来弹一曲'清徵'吧！"

师旷道："古时能够听'清徵'的，都是非常贤明的君主。大王的德行还不够好，不能听！"

晋平公道："什么德行，我只喜欢音乐，不要啰唆，你快弹吧！"

王命难违，师旷只好坐下来，展开了自己的琴。琴弦一动，清音甫起，有16只玄鹤从南方冉冉飞来，鸣叫着，舞动着。当他继续弹奏时，玄鹤的鸣叫声和琴声融为一体，久久回荡于天际。

曲终，晋平公激动地提着酒壶，离开席位向师旷敬酒，问道："在人世间，大概没有比这'清徵'更悲怆的曲调了吧？"师旷答道："不，它远远比不上'清角'。"

晋平公喜不自禁："那太好了，太师再奏一曲'清角'吧！"

师旷道："不行！'清角'可不寻常！当年黄帝于西泰山上会集诸鬼神时作了这种曲子，我怎能轻易弹奏？"

"哎，太师过虑了。黄帝的事更加久远，怎能祸及现在呢？弹来听听又有何妨？"

师旷见晋平公一定要听，无可奈何，就弹起了"清角"。

玄妙的音乐弥漫于大厅，突然，人们见西北方向，晴朗的天空须臾间滚起乌黑的浓云。紧接着，便有狂风暴雨应声而至。尖厉的狂风呼啸着，宫廷的房瓦被掀起，室内的一幅幅帷幔、各种祭祀的重器都乱成一团。满堂的宾客吓得惊慌失措，四处奔走。

晋平公也吓得抱头鼠窜，趴在廊柱下，惊慌失色地喊道："赶快停止演奏……"

师旷听了，便停手，顿时风止雨退，云开雾散。在场的人打心底里佩服师旷的琴艺。卫国乐师师涓大开眼界，激动地说："你的技艺真是惊天地、泣鬼神啊！"

## 邹忌说琴谏国王

公元前356年，齐桓公死后，他的儿子齐威王继承了王位。

齐威王即位后，没有尽一个君主的职责，每天吃喝玩乐，尽情享乐，对于朝政大事充耳不闻，他非常迷恋弹琴，经常一个人在后宫内弹琴娱乐。转眼间九年过去了，国家日趋衰败，老百姓们贫困不堪，哀声四起。周边国家刺探到齐威王荒唐的行径，开始不断地起兵进犯齐国。齐威王的军队连吃败仗，边境上不断报警，但齐威王依仗着国家强大、辽阔，一点儿也不担心。

　　齐国的文武大臣眼见齐国江河日下，一个接一个向齐王上书劝谏，但齐威王都充耳不闻，后来实在厌烦了，索性下了一道旨意：不准进谏的大臣们进王宫，任何人违背圣旨，就立即赐死。大臣们担心国家的安危，个个心急如焚，但是眼看齐威王一点儿不听大家的劝谏，又下了如此严厉的旨意，一个个只好三缄其口。可以想象，齐国国势日益危急。

　　有一天，王宫门前来了个名叫邹忌的齐国人，自称是位高明的琴师，他不慌不忙地进入齐王的宫宇，对侍臣说："我听人说齐威王非常喜欢弹琴，我因此前来拜见，为大王弹琴一曲。"侍臣赶忙报告齐威王，齐威王很高兴，立即召见邹忌。

　　邹忌走近齐威王，听见齐威王弹琴之音，听了曲子后，遂连声赞叹："弹得好呀！弹得好……"

　　齐威王十分高兴，不禁问道："看来你也懂琴，你讲讲，我的琴艺好在哪里？"

　　邹忌躬身一拜道："我听见大王用那大弦弹出来的声音非常庄重，好似明君的样子；我听大王用那小弦弹出来的声音十分清晰，就像贤臣的样子；大王的指法非常娴熟，弹出来的音符异常动听，忽而深沉，忽而舒展，灵活多变之中又蕴含着协调，简直就是一个国家明智的政令。谁听到如此悦耳的琴声，会不拍案叫绝呢？"

　　齐威王听了邹忌这番赞美之词，十分高兴地说："你果然是一位高明的琴师。我身边刚好没有解闷逗乐的人，你给本王弹一曲听听。"

齐威王于是吩咐左右摆桌，把琴放好。

邹忌缓缓坐在琴前，熟练地调弦定音之后，把两只手放在琴弦上，半天动也不动。

齐威王惊奇地问道："怎么不弹呢？"

邹忌一笑，说："我是在学大王呀！"

齐威王问："什么？"

邹忌道："古时候，伏羲做的琴，长三尺三寸六分，好比一年三百六十日；上圆下方，犹如以法规治理天下。弹琴本为陶冶性情，乃修身养性之乐事。弹琴和治理国家一样，必须专心致志。"齐威王若有所悟地点点头。邹忌接着说："五根琴弦，好似君臣之道。你听那大弦音，似春风浩荡，犹如君也；小弦音如山涧溪水，像似臣也。该弹哪根弦就认真地去弹，不应该弹的就不要弹，这如同国家政令一样，五弦配合好了，才能弹奏出美妙的乐曲。君臣各尽其责，才能国富民强，政通人和。弹琴和治国的道理一样呀！"

齐威王听到邹忌这番话，不耐烦了："先生说得这么玄，那只不过是空谈，请弹一曲让我听听吧！"

邹忌离开琴位，两手轻轻舞动，只摆出弹琴的架势，却没真的去弹。

这下可真把齐威王惹怒了，他责问邹忌："你为何只摆空架子不真弹呢？难道你欺君不成？"

邹忌笑道："大王息怒！我想成为弹琴高手，所以成天只是琢磨弹琴的道理。大王身居王位，掌握着整个国家的命运，却不管国家大事，这和我摆着琴不弹有什么不同呢？我摆着琴不弹，大王不高兴。现在大王面前摆着齐国这架大琴，九年了却不弹，别的国家对齐国虎视眈眈，大王无所作为，恐怕齐国的大臣和百姓们也不会高兴吧？"

齐威王一怔，终于意识到邹忌的来意，忙问："先生可是另有见教？"

邹忌躬身再拜道："岂敢！我只知道琴不弹不鸣，国不治不强。"

齐威王道："先生说得好！你以琴谏寡人，我耳目一新。九年了，积重难返，我该怎么做呢？"

邹忌说："说难也不难，大王应该像你每天勤于弹琴那样，当务之急是先把国家人事弹起来。"

齐威王问："这个不难。可是，从哪方面开始呢？"

邹忌指着五根琴弦说："大王可以从选贤任能、兴利除弊、摒弃声色、整顿军队、体恤百姓五个方面着手，这样的话，何愁齐国这架大琴奏不出妙曲呢！"

齐威王明白了：这位自称"琴师"的邹忌原来是个治国的能人。于是，他请邹忌做相国，之后齐国逐渐强盛起来，一时被楚、魏、赵、韩、燕五国公推为霸主。

## 琴中之龙

琴文化源远流长，在浩瀚的历史长河中也产生了不少名琴。琴是音乐的载体，亦是抚琴者感情的寄托，因此一把好琴是抚琴者梦寐以求的东西。古代出现了很多名琴，它们集美妙的音符和神秘的传说为一身，闪烁着异彩纷呈的光芒。下面我们一起来看一下古代名琴的风姿。

### 号　钟

"号钟"是古代四大名琴之一，产生于

周代。由于它产生得最早，也被称作四大名琴之首。此琴音质洪亮，如钟声一般，号角长鸣，令人震耳欲聋，"号钟"也因此而得名。传说著名琴师伯牙也曾经弹奏过这把琴，深深被它的音质吸引。春秋时期，"号钟"传到齐桓公手里。齐桓公不仅是一个可以称霸的明君，也是通晓音律的琴师。春秋时期他称霸于五霸之间，收藏了当时的很多名琴，但是唯一钟爱的只有这把"号钟"，常常拿出来演奏。他曾令部下敲起牛角，唱歌助乐，自己则奏"号钟"与之呼应。牛角声声，歌声凄切，"号钟"则奏出悲凉的旋律，使两旁的侍者个个感动得泪流满面。这是最早的合奏，虽然形式不成熟，但是已经有了合奏的雏形。

## 绕　梁

"绕梁"也是周代的一把名琴，它的名字来自一个众所周知的故事，即"余音绕梁，三日不绝"。这个故事被记载在《列子》中。周朝时，韩国女乐师韩娥去齐国，路过雍门时断了钱粮，无奈只得卖唱求食。她那凄婉的歌声在空中回旋，如孤雁长鸣。韩娥离去三天后，其歌声仍缭绕回荡在屋梁之间，令人难以忘怀。

琴以"绕梁"命名，足见此琴音色之特点，必然是余音不断。据说"绕梁"是一位叫华元的人献给楚庄王的礼物，其制作年代不详。楚庄王自从得到"绕梁"以后，整天弹琴作乐，陶醉在琴乐之中。有一次，楚庄王竟然连续七天不上朝，把国家大事都抛在脑后。王妃樊姬异常焦虑，规劝楚庄王说："君王，

您过于沉沦在音乐中了!过去,夏桀酷爱'妹喜'之瑟,而招致了杀身之祸;纣王误听靡靡之音,而失去了江山社稷。现在,君王如此喜爱'绕梁'之琴,七日不临朝,难道也愿意丧失国家和性命吗?"楚庄王闻言陷入了沉思。他无法抗拒"绕梁"的诱惑,只得忍痛割爱,命人用铁如意去捶琴,琴身碎为数段。从此,万人羡慕的名琴"绕梁"绝响了。

## 焦 尾

"焦尾"是东汉著名文学家、音乐家蔡邕亲手制作的一张琴。可能有些人不熟悉蔡邕,但是他的女儿大家一定熟悉,他的女儿就是一代才女——蔡文姬。蔡邕"亡命江海,远迹吴会"时,曾在吴地待过一段时间,住在一户农家里。有一天,蔡邕正在屋里读书,农妇在隔壁的厨房做饭。吴人有烧梧桐木的习惯,蔡邕听到烧柴的声音,认为烧的是一段良木,就急忙起身到厨房,幸好梧桐木烧的还不多,他及时地将梧桐木从火中救了出来。他依据木头的长短、形状,制成一张七弦琴,果然声音不凡。因琴尾尚留有焦痕,就将其取名为"焦尾"。"焦尾"以它悦耳的音色和特有的制法闻名四海。"焦尾"虽然不是什么雅号,但是它的琴音却是非同凡响的。

汉末,蔡邕去世后,"焦尾"琴仍被完好地保存在皇家内库之中。三百多年后,齐明帝在位时,为了欣赏古琴高手王仲雄的超人琴艺,特命人取出存放多年的"焦尾"琴,让王仲雄演奏。王仲雄连续弹奏了五日,并即兴创作了《懊恼曲》献给明帝。到了明朝,昆山人王逢年还收藏着蔡邕制造的"焦尾"琴。

## 绿绮台

"绿绮台"为唐代所斫制的名琴。以此命名的古琴有两张,一为武德琴,一为大历琴。"大历"为唐代宗年号,大历琴制于大历四年,即公元769年,此琴在清初还有所闻,后不知所终。

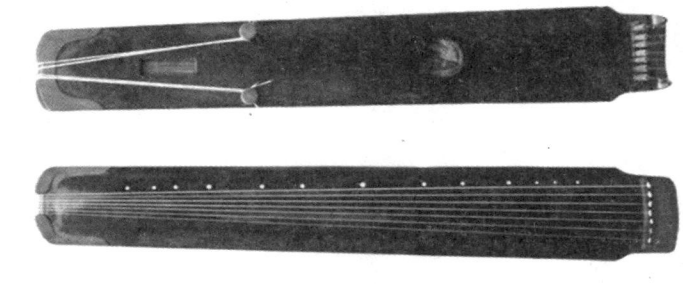

武德琴制于武德二年,即公元619年,体式为仲尼式,琴体通体的断纹为牛毛纹。琴体龙池上以隶书刻"绿绮台"三字,无其他铭文。这张古琴在清末已残其首尾。据屈大均《广东新语》记载,这张古琴为明武宗朱厚照所有。朱厚照是明代典型昏君,曾专设"豹房"等以专门享乐。这张古琴后来为明末诗人邝露所得。邝露工诗能琴,其居"海雪堂"中所藏文物甚多,最珍惜者为两张古琴,即"绿绮台"及"南风",其中"南风"琴为宋琴。邝露出游一般都要携带这两张古琴。有时穷困得不行的时候,他也将琴暂典质于当铺,等有钱时再赎回来。他的诗句有"四壁无归尚典琴",说的就是这方面的事情。明亡后,邝露从容殉国,两张古琴遂流落于市上,后为叶龙文以重金购得。这张"绿绮台"琴由叶龙文的后人保存了数代。清道光末年后,这张古琴被东莞人张敬修购得。

张敬修购得"绿绮台"琴后专门辟"绿绮楼"来保存。张氏家族喜好风雅,其侄张嘉谟、孙辈张崇光等都是书画名家,名园名琴,传为一时佳话。民国初年,张家逐渐中落,琴亦以破残不堪修复而售于同邑邓尔雅。邓尔雅字万岁,是杰出的书法家、篆刻家,他与张家素有交往，深知此琴的意义，因此他所得虽是一张朽琴，却视其为性命，自己作诗屡次提到此琴。

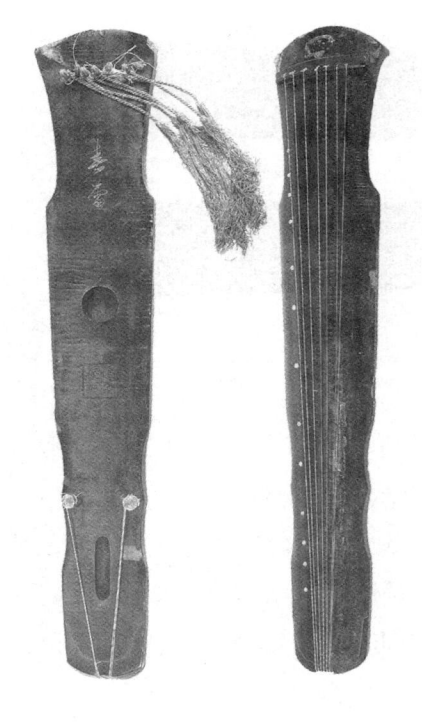

## 春　雷

千古名琴中除了前面提到的之外，唐琴为最珍贵的神器。"唐琴第一推雷公，蜀中九雷独称雄。"唐琴之中，最好的要数雷公琴。蜀中"九雷"中，以"雷威"成就最大。而雷威一生所斫之琴中，又以"春雷"为最。

宋徽宗赵佶曾在宣和门内府专门设有所谓的"万琴堂"，专门搜罗流传天下的古琴放置其内。雷威斫制的"春雷"，在所有琴中名列第一。这张价值连城的瑰宝流传至今，实为琴界一大幸事，其失而复得的经历不失为一段神奇的佳话。

北宋时，徽宗赵佶爱琴，将此琴藏于宣和殿，为万琴堂藏琴第一。赵佶有着极高的艺术修养，在书画史上占有重要的地位，画工笔花鸟堪与院体画家相比，书法更是创制了"瘦金体"，而琴也是他的雅好之一。流传至今的绘有赵佶于松下弹琴的《听琴图》，图中的赵佶穿玄色袍，所弹为一仲尼式琴，可能是春雷的原型。

金灭北宋后，金人将掠夺的珍宝，装了两千余车，运往燕京（今北京）。"春雷"琴也随之来到了北京，成为金帝宫中的第一琴，被收藏于承华殿中。金章宗死后，以此琴陪葬。

在地下埋了18年后，古琴"春雷"又复出于世间，成为元代宫中的珍宝。后来。"春雷"琴被赏赐给了元朝丞相大琴家耶律楚材。耶律楚材曾将其赠予老师万松老人。以后，"春雷"琴归于耶律楚材之子耶律铸，后又归赵德润所有。

明朝时，"春雷"传入明宫之中。到了清朝，"春雷"琴流传到裕亲王府中。以后，该琴又流出府外，后来为满洲大琴家佛诗梦所得。再后来，佛诗梦又将"春雷"琴传给了他的入室弟子北京大琴家汪孟舒（汪精卫的长兄）。这张古琴又成了汪氏的传家之宝。现"春雷"琴再经辗转，被北京琴家郑珉中收藏。

### 秋 波

相传，著名古琴"秋波"为唐代制品，体制为蕉叶式，在其琴体的龙池上有隶书"秋波"二字，并在凤沼上有"戛玉鸣金"的篆文印，上有嘉庆年间重修时的题记。琴的通体断纹为蛇腹纹，古色历经风雨，已呈斑驳状。此琴的流传过程少有记载。据传其曾为宋代杨万里（诚斋）收藏过。民国时期，这张古琴归广东香山人李蟠所有。李蟠曾任孙中山侍从之职，据说此琴为其家传宝物，所以他的斋名为"秋波琴馆"。李蟠的曾祖父李遐龄是道光咸丰年间的著名诗人，喜收藏，有大量的珍贵器物。这张"秋波"琴大约是李蟠的祖父所藏。现在，这张琴下落不明。

### 天 蠁

"天蠁"古琴相传为唐代成都著名斫琴名家雷氏所制。这张古琴琴体的龙池上有玉筋篆"天蠁"二字，下有"万几永宝"印文，铭文如下："式如玉，式如金，怡我情，绘我心，东樵铭。"这张古琴相传为唐代大诗人韦应物所有。此琴流落过程一直未见披露，仅知在嘉庆年间一位姓石的秀才以千金购归岭南。清代广东南海人叶应铨的《六如琐记》中有这样的记载："天蠁琴闻本是昭烈帝（南明）内府之物，明末流落民间，道光间先君子曾用弎百金典来，偶因不戒失手，琴腰中微断，幸其声音无恙，不过略为久亮耳。后典者赎回，复闻入潘德畬家，筑天蠁琴馆藏之。今潘氏籍没，此琴又不知如何矣。"

潘德畬即潘仕成，是广州著名的园林海山仙馆的主人。海山仙馆于同治末年被清政府籍没，并将园林及藏品以彩票形式出卖，于是这张驰名的古琴就流落到民间。在相当长的一段时间内，琴界人士都认为这张古琴乃是宋代时期斫制。广东富商黄永雺以重金收得此张古琴，大喜过望，并将自己的书斋以这张古琴的名字命名为"天蠁楼"，还请著名学者叶恭绰先生题写匾额。他自己的诗词集也命名为《天蠁楼诗》《天蠁词》。

同是广东人的文献家黄慈博有《风入松》吟咏此琴，其中有"成连一去海云冥，无奈远峰青，么弦欲奏水清曲，怕鱼龙，睡里愁听"之句。黄慈博是一位爱国商人，喜好收藏文物，对传统的文物器皿尤其重视。这张古琴与其他重要的文物一起归入到了广州博物馆。现在，有的琴专家认为该琴系明代所制。无论这种争论的结果如何，都不能否认这张古琴的名贵。

## 琴派的兴旺

琴文化领域，也和其他学术领域一样，存在着多种艺术观点和演奏风格。琴家们各自遵循某些共同的琴道观点和风格，而形成一定的琴家群体，就是所谓的琴派。同一琴派中的所谓共同特点，一般取决于地方色彩、师承渊源、本派所依据的传谱、琴学观点及基本演奏风格。

我国早在汉朝时期就出现了琴派的雏形，随着琴艺的发展和演奏风格的多样化，琴派也随之兴旺起来。南方有蜀山琴派，名家有汉朝的司马相如、扬雄，及三国时期的诸葛亮、姜维等人。晋初，北方有竹林派，代表者为嵇康。不过汉魏时期主要流行一种琴风，所以琴派较少。自唐朝起，琴学流派就多样化了，而且已见于著录。如吴门派，隋唐时期的赵耶利这样评价道："吴声清婉，若长江广流，绵延徐逝，有国士之风。蜀声躁急，若激浪奔雷，亦一时之俊。"这是有文字记载的较早的流派之一。北宋时，亦有京师、两浙、江西等流派，并有著录评价说："京师过于刚劲，江南失于轻浮，惟两浙质而不野，文而不史。"到了明朝，江、浙、闽派也有很大影响。如明朝刘珠所说："习闽操者百无一二，习江操者十或三四，习浙操者十或六七。"明末清初以后，至于现代，古琴艺术不断发展壮大，相继出现了"虞山""广陵""浦城""蜀山""九嶷""诸城""梅庵""岭南"等著名琴派。

## 浙 派

南宋著名琴派奠基者为郭楚望，其代表作品为《潇湘水云》，经刘志方授于毛敏仲和徐天民。毛、徐两人在杨瓒的主持下编纂《紫霞洞琴谱》。徐天民祖孙四代都是著名的琴家，明代尊之为"徐门正传"。后人称浙派传谱为浙谱。

形成时期：南宋末年。

创始人：郭沔（郭楚望）。

主要风格：流畅清和。

代表人物：郭楚望、毛敏仲、徐天民、徐秋山、徐梦吉、徐仲和等。

代表琴曲：《潇湘水云》《渔歌》《樵歌》《胡笳十八拍》等。

重要琴著：《琴操谱》（郭楚望）、《琴述》（袁桶）、《霞外琴谱》（金汝励）、《琴学名言》（徐梦吉）、《梅雪窝删润琴谱》（徐仲和）、《梧岗琴谱》（黄献）、《杏庄太音续谱》（萧鸾）等。

## 虞山派

明代琴派，形成于明末，创始人为严徵（天池）。虞山在今江苏常熟，有河流名为"琴川"，所以这一琴派又称"熟派"或"琴川派"。"浙操徐门"中的第3代徐晓山，曾在常熟传琴，致使当地名手辈出，陈爱桐即其中之一。传至严徵，结"琴川琴社"，谱辑为《松弦馆琴谱》。陈爱桐的另一再传弟子徐上瀛在严氏的基础上加以丰富，添加了快速的《潇湘水云》等曲目，辑有《大还阁琴谱》，并著《溪山琴况》。虞山派在琴界威望很高，20世纪30年代，上海成立的"今虞琴社"就是依照该派之名而命名的。

该派的主要风格为：清微淡远，中正广和。

代表人物：严天池、徐上瀛、吴景略等。

代表琴曲：《秋江夜泊》《良宵引》《潇湘水云》等。

重要琴学论著：严天池的《松弦馆琴谱》、徐上瀛的《大还阁琴谱》等。

## 广陵派

清代著名琴派，创始人为徐常遇等。江苏扬州古称广陵，以此地为中心形成的琴派称为"广陵派"。最初由徐常遇在虞山派的基础上发展而成。他的两个儿子继承家学，进京献艺，一时争传"江南二徐"。所辑《澄鉴堂琴谱》为本派最早谱集。其子徐祺吸收各地名曲并加工整理，编成《五知斋琴谱》，为近代流传最广的谱集。

此后，名手荟萃扬州，吴灴又在此基础上编纂了《自远堂琴谱》这本很有影响的琴谱。太平天国运动以后，该派陆续出版了《蕉庵琴谱》《木禅琴谱》等，其影响一直延续到当代。

该琴派的主要风格为：中正、跌宕、自由、悠远。

代表琴曲：《龙翔操》《梅花三弄》《平沙落雁》《潇湘水云》《广陵散》等。

重要琴著：徐常遇的《澄鉴堂琴谱》、徐祺的《五知斋琴谱》、吴灯的《自远堂琴谱》、秦维翰的《蕉庵琴谱》、释空尘的《枯木禅琴谱》等。

## 闽　派

闽派又称为"浦城派"，近代著名琴派。祝凤喈为代表，形成于清代末期。祝凤喈，字桐君，福建浦城人。父亲好琴，兄长善琴，祝桐君学琴从家学，致力于琴学先后30余年，"官于江浙，以琴自随，所至名噪一时"，著有《与古斋琴谱》。

主要风格：指法细腻，潇洒脱俗，疾缓有度。

代表人物：祝桐君、许渔樵、张鹤等。

代表琴曲：《渔樵问答》《平沙落雁》《阳关三叠》《石上流泉》等。

重要琴著：苏琴山的《春草堂琴谱》、祝桐君的《与古斋琴谱》、张鹤的《琴学入门》等。

# 琴的构造

中国众多的传统乐器，按演奏方式来分有：吹管、弹拨、拉弦、敲击等几大类，其中最有特色和种类最多的是弹拨乐器。古琴、古筝、琵琶、三弦、柳琴、阮、月琴、秦琴、扬琴等都属弹拨乐器。其中，古琴是最能代表和最能表现中国传统音乐深层底蕴的古老乐器。

古琴，从乐器的角度来讲，是中华民族传统乐器的典范，代表了中国传统音乐文化的最高峰。春秋时代，古琴的弹奏水平已经相当高了。若从文化的角度来看，古琴又与中国的历史政治、文化生活、哲学、美学、文学艺术等有着密切的关系，是中国传统文化的结晶。因此，体系完备、思虑甚深的琴学以及整个琴乐、琴学、琴道背后所蕴含着的浓厚的文化韵味是中国人应该了解和认识的。

根据现有的文献资料和考古材料发现，古琴至少在汉魏之际已经大致定型，与后世通用的古琴的构造、形制基本相同。此后，古琴经过数百年的积淀和改造，其形制、构造到唐代已经完全定型。现今保有完整的唐代制造的古琴，与宋、元、明、清之际的古琴只是在造型的艺术风格上有所区别，在音色、音韵的追求上有所不同而已。

## 琴身的构造

古琴，属于平放弹拨弦类的乐器，自古以来流传的样式有仲尼式、伏羲式、连珠式、落霞式、蕉叶式等。古琴主要由琴面、琴底、琴音、琴轴、琴腹、雁足等组成。琴体由面板和底板胶合而成狭长形。弦外侧的向板上嵌有13个圆点的"徽"。

从唐代以来的传世旧琴来说，所谓"大琴"的全长为120—125厘米，而膝琴的长度多在115厘米以下。琴体厚度（不连岳山）约为5—6厘米。琴的阔度视琴式及制琴者的要求而定，以一般尺寸的仲尼式为例，琴的首阔为17—18厘米，肩阔为18—20厘米，尾阔为13—15厘米。琴是一种浑身上下都充满着文化内涵的乐器。仅从琴形而言，就可以说通身都是韵致之美。琴一般长约三尺六寸五（120—125厘米），象征1年365天（一说象征周天365度）。

琴最早是依凤的身形而制成，其全身与凤身相应（也可说与人身相应），有头，有颈，有肩，有腰，有尾，有足。琴头上部称为"额"。额下端镶有用以架弦的硬木，称为"岳山"，又称"临岳"，是琴的最高部分。琴底部有大小两个音槽，位于中部较大的称为"龙池"，位于尾部较小的称为"凤沼"。这叫"上山下泽"，又有龙又有凤，象征天地万象。7根琴弦上起承露部分，经岳山、龙龈，转向琴底的一对"雁足"，象征7星。琴面上有13个"琴徽"，象征1年12个月和1个闰月。

岳山边靠额一侧镶有一条硬木条,称为"承露",上有7个"弦眼",用以穿系琴弦。其下有7个用以调弦的"琴轸"。琴头的侧端,又有"凤眼"和"护轸"。自腰以下,称为"琴尾"。琴尾镶有刻有浅槽的硬木"龙龈",用以架弦。龙龈两侧的边饰称为"冠角",又称"焦尾"。

## 琴　弦

古琴还有着独特的、韵味十足的丝弦。最早时候造的古琴是以什么来做琴弦,现在已无从考证了。大约在虞舜时代,中国人已开始养蚕,蚕丝具备坚韧耐用的特性,因此,大约自那时起,琴弦一直以蚕丝制成。丝弦的特点在于韵长味厚,苍古圆润。丝弦的使用,非常适合于古琴艺术所饱含的"娱己不娱人"的精神文化品格。此种音色利于弹奏者和听者内心深层的交流。丝弦可将清心雅韵体现得淋漓尽致。传统器乐中使用的丝弦,细诉情怀,确实有直触人心深处的优点,对弹奏者和听者来说实是一大乐事。

但丝弦也有自身的限制。一般来说,使用丝弦弹奏古琴时的音量较小,甚至演奏者弹到细微处,听众一般在三步以外就听不大清晰了。另外,弦也存在着易断折等问题。所以,近年来为适应演奏的需要,古琴开始用现代工艺制作出的尼龙钢弦。古琴使用尼龙钢弦使得其声音更加洪亮,但声音在韵味上比起传统丝弦来有一定的差距。尼龙钢弦会不时发出金属噪音,这是它的最大问题。但是传统乐器古琴的魅力,即使使用尼龙钢弦也没有褪色多少,其演奏起来的独特韵味仍是其他乐器所无法比拟的。现在,一些古琴艺术家正在努力弥补尼龙钢弦带来的问题,相信这一问题在不远的将来可以得到完美解决,使我们的"国粹"——古琴艺术尽善尽美。

由于古琴没有"品"(柱),有效琴弦特别长,琴弦振幅大,所以古琴具有便于灵活弹奏、余音绵长不绝等特点，丰富的弹奏手法使得古琴具有独特的走手音。这些都是别的乐器所不具备的。

此外，作为标记或者凭证，历代传下来的古琴常刻有琴铭。如流传至今的四大名琴"春雷""秋波""绿绮台"等都有独具特色的琴铭。琴铭一般在琴面、槽腹、纳音内，一般为刻制，或书写而成。琴人一般会把制琴时的帝王年号、年数，制琴者的姓名、籍贯及制作地点等字样作为琴铭的内容。此外，我们还能见到古琴的底面上刻有古代某名家一两行诗句的书法字迹，或一段工整小楷、行书的序题，或一方印章，其本身也构成了一件艺术品。同时，这些琴铭对于鉴别、考证古琴的年代、制作工艺的发展和沿革提供了极大的便利。

中国古琴造型优美典雅，体式高贵，色泽古朴端庄，积淀在其中的文化韵味悠长厚重，所以一直为后世文人雅士所钟爱，其中一些精品则成为收藏家不轻易示人的秘宝。

传统古琴的样式众多，不下数十种，各有其至。不论何种琴式，它们的基本结构及发音原理都无太多区别。各种样式之间的不同主要是依照琴体的项、腰形制的不同而有所区分。

现存古琴当中以"仲尼式"数量最多，但其在不同时期也有一些特定的工艺差异，情况较为复杂。流传下来的好多琴式，其中有些是因该琴而名，有的因人而名闻天下，如汉代司马相如所用的古琴"绿绮"。

## 孔子的礼乐观

孔子是我国著名的思想家、教育家，被后人称为"孔圣人""至圣""至圣先师"等，在中国乃至全世界都有一定的影响力。孔子除了对中国文化有着至高的贡献，对琴艺的传播也有一定贡献。

孔子喜欢音乐，曾经拜师襄为师，学习弹琴。师襄是鲁国的著名乐师，亦称师襄子。他教孔子弹了一首新曲，要求孔子回去之后练习十天。十天后，师襄到孔子家看孔子的练习情况，孔子仍在埋头苦练。师襄子对孔子说："这首曲子你练了十天了，已经弹得很熟了，可以学习新曲子了。"孔子却说："不行，我仅仅学会了曲谱，还没有掌握它的规律呢。"

又过了十天，师襄子又到孔子家，只见孔子仍在练习那首曲子，曲子中已经隐约透露出琴音的微妙之处。师襄子告诉孔子，他弹得已经够好了，已经掌握了它的规律，应该学习和练习新曲子了。孔子说："我还没有体会到这首作品的真正内容呢。"

这样又过了几天，师襄子还没走进孔子的书房，就听到一阵阵悠扬的琴声。琴声时而急速如千军万马，时而缓缓如流水潺潺，时而低回委婉似窃窃私语，时而高亢挺拔似巍峨高山……师襄子兴奋之至，快步进入书房对孔子说："妙哉妙哉！你的琴法已经有了很大的进步，曲子中隐含的感情已经可以从你的指尖表达出来了，已经进入了一定境界了。"孔子仍然摇着头，回答："我不能算真会，我还没真正感受到这首曲子的作者的心境。"他继续弹着，想着，十遍，二十遍……

突然有一日，孔子兴奋地抬起头，眼睛闪烁着喜悦的光芒，对师襄子说："我从乐曲中感觉到他了。他黑黑的面孔，高高的身材，一

双炯炯有神的眼睛看得很远，威武庄严，很有王者的气度，莫非这就是周文王所作的曲子？不是他还有谁呢？"师襄子听后，对孔子的领悟能力和钻研精神十分敬佩，说："你说得对极了！记得老师曾告诉我，这首曲子名叫《文王操》，作者正是周文王。"

孔子对琴音如此痴迷，对自己的要求如此之高，可见琴对孔子的吸引力有多大。孔子之所以对琴痴迷，除了个人爱好外，还有一点原因，就是他认为音乐是礼教的很好的工具，音乐可以陶冶情操。他提倡把音乐作为教育的课程，他和他的弟子弹琴是他们生活的一部分。孔子将《诗》《书》《礼》《易》《乐》《春秋》列为"六艺"，可见他是很重视音乐的作用的。《论语》这部记录孔子及其弟子言行的经典之作中，"兴于诗，立于礼，成于乐"这句话充分肯定了音乐的突出作用。孔子用自己的言行提倡文人雅士修习琴乐，以完善人格，这在很大程度上影响了一代代文人雅士。汉朝"罢黜百家，独尊儒术"，使儒家思想大放异彩，从此孔子的影响力更加强大了。

孔子是士阶层的代表，是士阶层争相学习的对象，孔子对琴的痴迷也影响了士阶层的追求，孔子引领了当时的社会潮流。当时，随着生产力的迅速发展，各地经济情况和军事力量相当，出现了群雄争霸的趋势。"乱世出英雄"，各家都想利用这个乱世有所作为，思想文化的快速传播同时也带动了琴的发展。琴在这个时期，几乎成了文人墨客的随身必备品,因此在一些神话传说中,书生总是能随时拿出琴弹奏一曲,博得美人的芳心。

刘禹锡的《陋室铭》中描绘过这样的情形:"苔痕上阶绿,草色入帘青。谈笑有鸿儒,往来无白丁。可以调素琴,阅金经。"琴声泠泠,茗香飘溢,友人往来谈诗说画,这是何等的逍遥自在。在这种相对稳定的生活环境和文化氛围中,内涵深幽,能使人神静气匀,余音袅袅、绕梁不绝的古琴音乐,也就自然而然地成了那个时代社会文化生活中不可或缺的组成部分。许多名曲的内容不是对单一的某个人物或者某一事件的叙述,而多是感慨时事,寄情山水的情趣。如唐朝著名诗人白居易的《听弹古渌水》:"闻君古渌水,使我心和平。欲识漫流意,为听疏泛声。西窗竹阴下,竟日有余清。"李白的《听蜀僧濬弹琴》:"蜀僧抱绿绮,西下峨眉峰。为我一挥手,如听万壑松。客心洗流水,余响入霜钟。不觉碧山暮,秋云暗几重。"他们的诗句都有种悠闲诗化的意境,确实令多少代的文人雅士们艳羡。

古人以琴能涵养情性,为其有天地自然太和之气,故名其声为

041

难得的"希声"。古琴音是种独特精微的音乐，能对人的心脑引起直接的共振，以至能感人至深，因此琴在古代也被作为教化的工具。古代读书人讲究的是半夜读书，半日静坐，中有琴乐之娱，这种读书、静坐、抚琴几乎是一种必需的修养。

　　随着士阶层的壮大，古琴和士的关系更加亲密，因为它被赋予了"仪节"的重任而逐渐发展成唯一的文人乐器，成为文人成就自我人生理想的工具，到后来已是言修身必言琴，论琴必论修身，古琴已成为士的象征。《礼记》中"士无故不彻琴瑟"的提出可看出古琴对士修身的重要性，士之所以"不彻琴瑟"，是要以琴为手段去达到修身正心的目的。古琴的作用主要是正心，即约束士的内心思想，使他们做到"思无邪"，非礼勿视，非礼勿听，非礼勿言，非礼勿动，非礼勿思，思想道德和行为规范均合于礼的要求。在此，礼是乐之本，琴被用于"约之以礼"，以达到士"克己复礼"的修身目的。这种以礼制乐的思想贯穿于琴与士的关系的始终，"君子之近琴瑟，以仪节也，非以慆心也"标志着古琴产生之初就蕴有某种礼乐思想的色彩。

　　琴与士阶层的命运息息相关，可以说是"成也萧何，败也萧何"，如此关键。士阶层曾经差点儿扼杀了琴，但后来也是士阶层将琴推上了顶峰。随着士阶层的衰落，琴也随着它慢慢有所变化。

## 琴诗与乐府

　　在古代社会，琴是文人的雅好之一，并名列"琴、棋、书、画"四大雅好之首，为知识分子所珍视不已。从对古琴音乐艺术的创造到文学家与琴人之间的交往等，都为古琴文化的发展注入了新的因素。从先秦诸子散文到两汉赋，从汉魏诗歌到魏晋诗文，从唐诗宋词元曲到明清小说，历代具有代表性的文学作品中，有关古琴和古琴音乐艺术的文学作品可谓数不胜数。有些文学家自身就是著名的琴家,不但能对琴曲艺术加以品评,而且可以自度曲目,为琴坛增加亮色,如司马相如、王维等。

　　文学家的事迹和他们文学作品里的玄思和意境、人物形象和崇高的思想品质又为琴曲艺术的创作提供了丰富的素材,如著名琴曲《离骚》就来自我国文学史上伟大作家屈原和他的作品《离骚》。著名琴歌《阳关三叠》的歌辞就来自唐代诗人王维的诗作《送元二使安西》:"渭城朝雨浥轻尘,客舍青青柳色新。劝君更尽一杯酒,西出阳关无故人。""悦亲戚之情话,乐琴书以消忧"(《归去来兮辞》),这是陶渊明向往的生活,弹琴、看书可以消除自己的忧愁;"谈笑有鸿儒,往来无白丁。可以调素琴,阅金经。"这是刘禹锡的生活写照,居住的地方可以简陋,但是精神生活却很丰富。可见,诗人的生活离不开琴的身影,琴可以入诗,诗其实也是琴曲的钟爱。

墨子说过"歌诗三百，舞诗三百，弦诗三百"，可见最初诗与琴就有一定的渊源。我国最早的诗歌总集《诗经》中的风、雅、颂都是可以弹唱的曲词，诗产生之初就已经与琴"夫唱妇随"了。还有一个明显的例子，那就是乐府诗的产生。"乐府"最初是一个"政府机构"，秦朝已经有了"乐府"的雏形，是一个集全国各地音乐、民谣、舞蹈等于一体的机构。到了汉武大帝时，朝廷设置了专门的搜集音乐的机构，这就是"乐府"。这个机构不仅要从全国各地搜集广为传唱的歌曲、民谣等，还要负责创作歌词、编排歌舞等。这些配乐演唱的诗歌，就称为"乐府诗"，也简称"乐府"。乐府诗的来源主要是民间创作和文人创作，后来伴乐的这些诗词脱离了音乐，但还是延续了乐府的韵律，诗歌的押韵也许就是这样来的吧。

有的诗人则和琴人有着广泛的接触，有的交往非常密切，许多诗歌写的就是诗人与琴人之间的情谊。如高适在送别著名琴人董庭兰的诗《别董大》中就有"莫愁前路无知己，天下谁人不识君"之句。在唐代，能够操琴弹奏的人并不在少数，这从许多专门为某道士、某山人、某尊师、某处士等人弹琴而写的诗歌篇章中可以看得出。著名诗人李白的诗作中提到的琴师有蜀僧濬、岫师、卢子顺等，元稹的诗作中提到的琴人有柔之、庾及之、姜宣和他的妻子等。

白居易爱好古琴，在《夜琴》中说："蜀桐木性实，楚丝音韵清。"他的琴艺很高，并能自弹自唱，甚至在旅途的船中仍以古琴为友，他在《船夜援琴》中写道："鸟栖鱼不动，月夜照江深。身外都无事，舟中只有琴。七弦为益友，两耳是知音。心静即声淡，其间无古今。"张祜的《听岳州徐员外弹琴》也有："玉律潜符一古琴，哲人心见圣人心。尽日南风似遗意，九疑猿鸟满山吟。"唐代著名琴家有赵耶利、董庭兰、薛易简、陈康士、陈拙等。赵耶利总结当时的琴派时说的"吴声清婉，若长江广流，绵延徐逝，有国士之风；蜀声躁急，若急浪奔雷，亦一时之俊"至今仍符合吴、蜀两派的特点。盛唐的董庭兰作有《大胡笳》《小胡笳》等琴曲传世。薛易简在他著的《琴诀》中总结了古琴音乐的作用，即"可以观风教、摄心魂、辨喜怒、悦情思、静神虑、壮胆勇、绝尘俗、格鬼神"，并提出演奏者必须"定神绝虑，情意专注"，为后世琴家所重视，从而引申出许多弹琴的规范。

诗歌中描写到的琴人各有特色，有业余的，也有专业的，所弹奏的琴曲艺术风格各有千秋。专业的琴人可见于唐代诗歌中的有董庭兰、姜宣、颖师等。从这些描写古琴艺术的诗歌作品中，我们看到古琴在唐代的文化生活中已经是不可缺少的一部分。

古琴音乐，有时给人的印象是节奏很自由，就像散文一样。古琴曲的自由节奏，和文学作品中的散文体句法似乎有很大的关联，二者都是在自由和散漫中追求内在的韵律和节奏，在自由的节拍中追求整齐划一的美。为什么古琴音乐会和其他乐种相差那么大呢？这主要与古琴自身蕴含的文化传统内涵和哲学理念有关。

从传统和渊源上来看，古琴并不是单纯地追求听觉意义上的美，而是对天地宇宙、万物自然、人神世界的沉思。古琴中的欢愉和忧伤更富有形而上的思考价值，超越于现实生活本身。当然，古琴音乐的"散"与"自由"是相对的，古琴曲里其实还是有节奏律动，有规律可循的。像弹琴指法本身就有节律作用，含有时值逗顿的区别；空弦散音的应声，有句逗的感觉；抹挑与勾剔连弹多是切分音的效果；触弦音多落在后半拍弱音上。而有些乐句的处理更是非常程式化，例如拨剌煞的收音等等。无论在道德伦理层面，还是在个人自娱的层面，古琴都在自身的艺术形式中追求思考和超越。古琴的风格并不是单一的，而是丰富多样的。这方面可以与我国的传统诗词文学作品相类比。

古琴的理论著作是在受到诗学著作的影响下而完成的，其中审美领域中的诸多术语、范畴都是由文学批评理论中而来。如我国那部全面而系统地介绍琴乐艺术的美学理论著作《溪山琴况》即是徐上瀛根据宋崔尊度"清丽而静,和润而远"的原则,依照唐代诗人、诗论家司空图《二十四诗品》的形式,并在明代琴论家冷谦的《琴声十六法》基础上而著述的。

今天的人在谈论古琴之道时有一个误解,往往称其特性在于静、阴柔、隽秀之美。20世纪五六十年代,人们还常以兰花喻琴。然而,数千年以来,琴之为道,足成大千世界,并非一个比喻能概括得了的。一般人理解古琴又常有偏颇,古琴不能仅以"静"的一面来理解,其自身风格活泼多样,阳刚、动、浑朴劲健之美也不少。《流水》《高山》之壮阔,《广陵散》之激昂,《胡笳十八拍》之深切,《酒狂》之活泼,《长门怨》之委婉,《渔樵问答》之潇洒,皆远非传统笙箫之静美可与类比者。比如琴曲《流水》,即可以72滚拂的指法营造出杜甫诗歌中"无边落木萧萧下,不尽长江滚滚来"之境。这正如唐诗中有恬静自适的山水诗,如王维、孟浩然、常建等的山水诗;亦有豪情万丈的边塞诗,如高适、岑参等的边塞诗;还有饱含深情,又娓娓道来,一波三折的叙事诗,如白居易的《长恨歌》等。又如宋词中有多情温软、蕴藉含蓄、音韵流转或绵密或空灵的婉约词,如柳永、李清照等的婉约词;又有登高望远、激情澎湃、大江东去的豪放词,如苏东坡、辛弃疾等的豪放词。

我国被称为"诗的国度",我们灿烂辉煌的古代文学艺术是古人留给我们的弥足珍贵的文化遗产。在古代文学作品中,我们随时都可以找到音乐留下的影子和痕迹。唐代是我国诗歌辉煌发展的时代,现存的数万首诗歌作品中有不少就反映了琴曲艺术的情况。古琴是文人的雅好,有些诗人非常爱好古琴,经常弹琴自娱,颐养性情,有的甚至自创琴曲,一抒己怀。初唐的王绩,盛唐时期的王维、李白、李颀,中晚唐的韩愈、白居易、温庭筠,以及宋代文学家,如欧阳修、苏轼等,他们都对古琴曲有着深刻的理解和体悟,我们在他们的作品中可以看到一些生动的描写和精辟的品论。这些关于古琴的诗歌篇章，对我们了解琴曲艺术的成就和其在当时社会的影响，具有重要的参考价值。

## 佛家的禅与琴

琴与禅的不解之缘，表现为两者之间的相通相协。佛教在东汉末期从印度传入中国。在那个战乱的年代，人们生活在水深火热之中，佛教的传入使人们找到了精神寄托，同时统治者通过佛理的传播能更好地控制人们的思想，因此佛教在中国这块陌生的土地上很快便找到了滋长的土地。

魏晋时期佛教发展到了一个高峰，讲佛法的人受到当时许多人的尊敬，佛法因此得到了很好的传播。当时的佛教大师慧远，将琴和禅结合在一起，开创了借音乐弘扬佛法的方法。就这样，"琴禅"的雏形诞生了。慧远和尚以讲唱法理开导众生为宗旨，采用多种民间说唱方式，使倡导音乐与净土宗教教义结合起来，编撰成《西文化导文》《往生礼赞》。他们身体力行，作为僧团制定周密规章制度的榜样，这更有力地促成了佛教音乐的完善。

慧远以琴音传佛经，可以说是一种智慧或者创新。

047

梁武帝对以琴音传佛法达到了一种痴迷的程度，盲目崇拜。梁武帝生在佛教大盛的南朝时期，从小就受到佛法的熏陶。梁国的大权落在他手上时，他对佛教的痴迷体现在他的统治政策方面。在他身上还发生了一则趣闻：金秋九月的一天，在建康（今南京）的同泰寺内，乐声高扬，上万名比丘（佛教语，译为乞士，指和尚）、比丘尼（佛教指尼姑）、善男、信女肃立在大殿前，同声高唱着皇帝新创的佛曲《断苦轮》。当洪大的音响终于停下来的时候，一位端坐在大殿当中的法座上的老者清了清嗓子，开始为大众讲《涅槃经》。这位讲经的"冠达"和尚，便是梁武帝萧衍。

梁武帝萧衍，放着高高在上的天子之位不坐，偏爱坐在蒲团上讲经诵文。他在即位的第一年，就以"正乐"为名，将佛教音乐引进宫廷，取代已成为正统的"雅乐"。雅乐，在中国的封建社会，是官方文化的代表和象征。封建统治者立国之后或改朝换代之后，都要定下正乐，各朝的雅乐一般都以"六代乐舞"为正宗，以夏、商、周为正统。当时的统治者认为，雅乐的"正统"，可以佐证政治统治的"正统"。因此，当时的朝廷定雅乐，和现代国家制定国歌相比，其严肃性与重要性并无二致。萧衍的这一做法无疑促进了"琴禅"的发展。

清咸丰、同治年间，济南灵岩寺住着位僧人——琴家太元。他特别善于弹琴，技艺非凡，没有谁能与他的弹琴技艺相媲美。当时的人们对他都很好奇，经常有些人上山请教，可是没有一个人能学到大师的精髓。

家住安徽东南部宁国县的刘惟性是一个爱琴之人。这天，他出游至灵岩寺，听到一阵琴声。琴声时而婉转悠扬，时而清越激昂，时而如和风细雨，时而似电闪雷鸣，时而又若飞沙走石，变幻莫测，格外悦耳。刘惟性为这美妙的琴声打动，听得如痴如醉。

刘惟性随着琴声寻来，看到太元焚香盘坐，凝神抚弦。刘惟性不禁暗自赞叹，果然名不虚传，世人无出其右。太元一曲弹罢，刘惟性立刻上前表明愿意随其学习操琴。太元对刘惟性说："学琴并不难，只要能静心就行。"刘惟性求师心切，忙问："冒昧地问一声大师，什么是静心之道？"太元语含玄机，说："自己静心，这岂是老僧能为你谋划的？"刘惟性顿有所悟，说："弟子明白了！"

于是，刘惟性就在寺中住下，在一间空荡荡的禅室里，摒除万虑，昼夜坐禅，修炼心性。太元常来弹琴，而刘惟性竟毫无所闻，外禅内定，达到静心的境界。

一天晚上，刘惟性像往常一样在坐禅，忽然听到暴雨瞬间倾盆而下，电闪雷鸣，狂风呼啸，深山猿悲鸣。刘惟性独坐禅室里如豆般的孤灯下，心情烦躁不安，久久不能入睡，便推开窗户，往外看，只见外面晴空万里，而那风声、雨声、猿声都来自太元的住室。刘惟性知道太元大师正在弹琴，就在大师的窗外静静地听着，听着听着，不禁悲痛不已。

可是当刘惟性走进大师的禅室时，大师只是手抚着古琴，没有一丝声响。大师见到他很是高兴，因为弹琴和听琴都分为两个境界，一个是真正的声音，另一个是心中的声音，只有用心体会才能体会到，而刘惟性却利用短短的几天达到了至高的境界。

后来，刘惟性在大师的教导下学习了三年，逐渐掌握了操琴的技法以及琴艺的深邃。三年后，刘惟性学成下山。

不久，有盗匪进犯宁国县，大肆劫掠，杀人越货。一伙盗匪突然闯进了刘惟性的家，忽然听到山后响起敲鼓鸣金之声，以为官兵追到，吓得惊慌逃窜。事后，盗匪得知是刘惟性在弹琴，就跑去抓他，逼他弹琴。刘惟性无可奈何，只得弹奏。他弹奏了一曲凄酸悲伤的琴曲，琴声如泣如诉，似深山老猿悲鸣哀号。盗匪听得胆战心寒，双手颤抖，以至于将刀掉落在地上。盗匪惊诧不已，以为刘惟性琴声通鬼神，吓得不敢伤害他，便把刘惟性放了。由此可见，刘惟性已得琴艺的真谛，其琴艺已达到很高的造诣。

琴和禅能相互融合不是毫无原因的。琴家的静、淡、远思想同佛家之"般若""涅槃"相契相合。古琴不仅是深沉的，而且是隽永的、哲学的、宗教的。中国琴道是一种包罗万象、顺乎自然的美丽享受，它与中国历史一脉相承。在古琴里沉积着生命的况味，凝集着芸芸众生，品琴就是品味人生、感念苍生。古琴在几千年的盛、衰、荣、辱、起、落、沉、浮的文化生涯中，虽曾几度低落，但始终没有彻底中断。

### "竹林七贤"与古琴

"竹林七贤"是对魏晋时期经常在竹林集会的7个才子的合称。"竹林七贤"是"魏晋风流"的典型代表，其中有两位核心人物，即阮籍和嵇康。

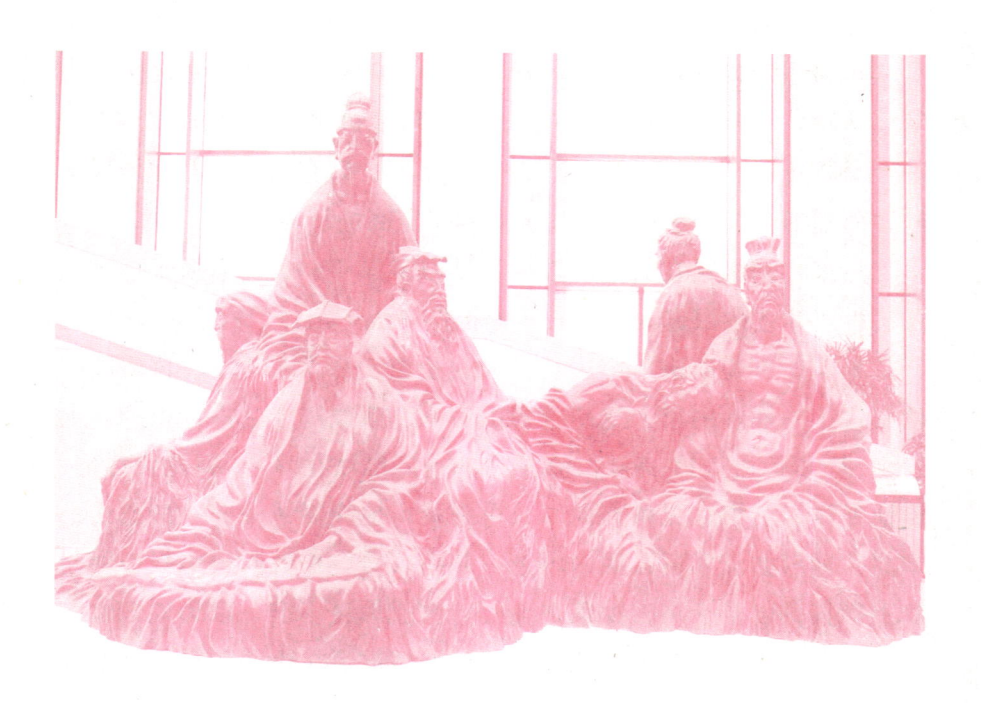

阮籍生在一个士阶层家庭，可谓生在一个世代好琴的家族。父亲阮瑀是"建安七子"之一，当时在琴艺上就小有名气。阮籍在这样的家族中长大，从小就受到了音乐的熏陶。《晋书》记载，阮籍"博览群籍，尤好《老》《庄》，嗜酒能啸，善弹琴"。琴还频频出现在阮籍的诗中，"夜中不能寐，起坐弹鸣琴"[《咏怀（其一）》]。阮籍生活在魏晋那个乱世，和"竹林七贤"的其他人一样，都是胸有一腔热血，却无处施展自己的才华。面对政治的黑暗，阮籍等人是心有余而力不足，一切情愫郁结于心，只能通过琴声来传达，因此，琴就成了阮籍最好的朋友。现存的琴曲《酒狂》，据说是阮籍所作，描绘的是阮籍醉酒后"佯狂"的情景，阮籍借这首曲子来表达自己内心的愤懑之情。

除阮籍外，"竹林七贤"的另一位核心人物嵇康，在琴方面有着更高的造诣。提及嵇康，提及琴，就不得不说《广陵散》。

据记载，《广陵散》是聂政所作。聂政是战国时期韩国人，其父为韩王铸剑时，因为超过了期限，被韩王所杀。聂政为了给父亲报仇，愤然去行刺韩王，但是只身一人的聂政注定了失败。后来聂政知道了韩王甚好音乐，就想尽一切办法学习音乐。行刺失败后，遭到了韩王的追捕，聂政自毁面容，躲进了深山，苦苦修炼琴艺。卧薪尝胆的聂政苦苦修炼十余年，终于学成了高超的技艺，于是他出山了。这时已经没有人能认出他了，于是他找各种机会接近韩王，终于得到了进宫为韩王演奏的机会。在演奏时，他从琴内取出匕首将韩王刺死了。后人为了纪念这位勇士，将这个故事谱成曲子广为弹唱，这就是《广陵散》。《广陵散》慷慨激昂，气势宏伟，有一股"风萧萧兮易水寒，壮士一去兮不复还"的气势。嵇康非常喜爱此曲，经常弹奏它，许多人前来求教，但嵇康概不传授。

嵇康是"魏晋名士"，崇尚老庄，讲求养生服食之道，善鼓琴，工书画。嵇康在魏晋时期有着很高的名声，当时的统治者司马氏很欣赏他的才学，曾经多次命人来请，可是嵇康看不惯司马氏的行事风格，断然拒绝了邀请。

当时，有个贵公子钟会很仰慕嵇康的才华，于是就前往嵇康"隐居"的地方去拜访。嵇康当时在偏远的地方打铁，钟会到了嵇康家门口，却不敢进去，就把自己写的文章扔进去，自己回去了。可是钟会的文章如石沉大海，一直杳无音讯。作为公子哥的钟会，自认为有几分文采，受不了嵇康以这种态度对待自己，终于忍不了，又亲自去嵇康家，一探究竟。这次钟会到了嵇康家门口，看到嵇康正在打铁。嵇康看到钟会对他不理不睬，继续打铁。钟会看到这种情形，二话没说，转身离开了。嵇康这时说话了，问钟会："何所闻而来？何所见而去？"钟会回答说："闻所闻而来，见所见而去。"钟会就这样离开了，可是心胸狭窄的他不会善罢甘休，嵇康肯定不会知道这次简单的交谈会给自己带来杀身之祸。

嵇康与当时最高统治者的不合作态度和他的容易遭人嫉妒的文采，以及与钟会这种小人的恩怨，使嵇康很快便迎来了人生中最大的灾难。司马氏听信小人的谗言，最终决定处死嵇康。在一个初秋的傍晚，洛阳东郊嵇康行刑的刑场上，三千太学生跪请赦免一代名士嵇康。可是，残忍阴鸷的司马昭断然拒绝了太学生们的请求。

临刑之际，嵇康神情自若，万般无奈化作一声长叹。随后，他向挤在人群中的哥哥嵇喜要过一张五弦琴，从容地弹起了《广陵散》。顿时，天地间弥漫着悲壮凄婉的琴声，似乎在诉说着嵇康心中的无奈、愤懑、呐喊。一曲《广陵散》弹罢，嵇康仰天叹道："袁孝尼尝请学此散，吾靳固不与，《广陵散》于今绝矣！"言毕，一代名士嵇康慷慨就刑，引无数人扼腕叹息。

《广陵散》在嵇康之后成为一首绝响。嵇康弹出的《广陵散》已经不仅仅是一首曲子那么简单了，更是名士们当时内心的呼唤。在魏晋那个统治无比黑暗的时期，魏晋名士们无处诉说自己心中的愤懑，只能奋笔疾书于笔尖或者是将慷慨激昂的情绪通过琴这一工具很好地抒发出来。

"竹林七贤"弹琴咏诗，琴酒自娱，以琴抒志，以琴消忧，以琴交往，甚至还以琴吊丧，琴乐已融入了他们日常生活的方方面面。抚琴听琴已成为他们精神气度和人格的象征，他们对琴艺、琴道的热爱和推崇，不能不感染和影响到其他士人的审美情趣和生活，特别是嵇康临终前弹的这首绝响，其潇洒气魄，即使在今天看来，仍令人敬慕不已。

## 陶渊明的无弦之琴

陶渊明（公元365—427年），东晋著名隐士，我国著名诗人，名渊明，字元亮，入宋后改名潜。陶渊明，先祖为东晋开国元勋陶侃，后家道中落，"少年罕人事，游好在六经"，少年之际"猛志逸四海"，"学琴书"。所以，陶渊明虽不精于音乐，却在诗篇中经常提到琴，论及音乐。

陶渊明辞官之后，躬耕田里，不复出仕，并在贫困中度过余生。

陶渊明服膺玄理之学，常以诗书琴酒自娱。陶渊明的田园山水诗歌，有"冲淡平和"的一面，在意象和审美的倾向上与古琴的主流审美意境息息相通。陶渊明的归隐思想和自适境界，以及不为五斗米折腰的精神为知识分子所崇仰，在知识分子心目中占有重要地位。陶渊明手抱无弦之琴，在寂寞和"虚""无"中求得心灵的丰盈和满足。正如陶渊明诗句中所言："乐琴书以消忧。""但识琴中趣，何劳弦上声。""曰琴曰书，顾盼有俦。饮河既足，自外皆休。"

陶渊明的诗文对琴曲的创作颇有影响。以他的名作《归去来兮辞》谱成的琴歌，流传至今，经久不衰。琴曲《桃源春晓》，也是根据他的《桃花源记》一文的意境而作。这是对美好的理想社会进行热情赞美和歌颂的篇章，是知识分子心中永恒的"大同社会"的继续，为中国社会政治思想上的佳作。

# 第二章 棋——名流清乐风雅事

棋在古代是一种智慧的象征，是中华民族逻辑思维和形象思维碰撞出的结晶。围棋在中国传统文化中可以称之为一朵奇葩，得到了社会各界的推崇，成为一种流行时尚，棋也就当仁不让地成了我国传统文化的瑰宝之一。

## 尧造围棋的传说

众所周知，围棋是中国的瑰宝，有着十分悠久的历史，围棋的形成和发展经历了数千年的漫长岁月。可围棋到底是什么时候出现的呢？围棋是谁发明的？围棋最初的功用是游戏吗？这一系列关于围棋的问题，至今没有人能告诉我们确切答案。但我们可以肯定的是，围棋最早产生于中国的奴隶社会，全世界都承认围棋的故乡在中国。

古代对于围棋的发明有各种传说，不过被大

部分人认同的还是"尧造围棋,丹朱善之"的说法。据战国时期的《世本》一书中记载,围棋是尧发明的,尧是为了启发他愚笨的儿子。但是《世本》一书已经遗失了,所以围棋的具体起源也就随之消失,无从考证了。

民间一直流传着这样的传说。上古时期,尧帝治理国家有方,国家繁荣,百姓生活安乐,一片祥和的氛围。尧帝把国家治理得很好,但是对自己的小家却是有些不知所措。尧帝有一个儿子叫丹朱,他生性顽劣,已经十七八岁了,仍然是不务正业,游手好闲。在大禹治水后不久,丹朱就去河里游玩,"乐不思尧"。母亲派人喊他回家,但是玩得正尽兴的丹朱哪里听得进去,母亲对他没有办法,只好将这件事告诉尧。尧听后很是内疚,自己整天忙着治理国事,却连自己的儿子都教育不好,有何脸面教育管理国人?要想让丹朱有所改变,只能先改变丹朱的本性,稳定他的心性,然后再教给他几项本领,这样他也许能归善。于是尧告诉丹朱的母亲,让丹朱带上弓箭到平顶山上等他。

丹朱被侍卫不由分说地带上山,望着荒无人烟的平顶山,心想我哪会打什么猎。望着荆棘满坡的山,空空如也的天地间,根本没有猎物的影子,丹珠心中不禁充满了委屈。尧的侍卫们看到丹朱站在那儿一动不动,开始以为他是在寻找角度或者是找机会下手,可是他连弓箭都没举起来过,于是他们赶紧劝丹朱快点儿捕猎,好早点儿向尧帝交代。可是不管侍卫们怎么劝说,丹朱就是无动于衷。

正在这时,尧从山上下来了,喘着粗气,衣服被路上的荆棘刮得不成样子。丹朱看到父亲这个样子,有些不认识了,因为在他心里,父亲永远是那个强壮、威风的高大形象,没想到父亲也是会老的。丹朱心里掠过一丝内疚,乖乖地向父亲下跪,询问父亲让自己上山打猎的意图。尧便问丹朱:"不肖子啊,你也不小了,十七八岁了,还不走正道,猎也不会打,等着将来饿死吗?你看,山下这么广阔的土地，这么好的山河，你就不替父帝操一点儿心，把土地、山河、百姓治理好吗？"丹朱眨了眨眼睛，说："兔子跑得快，鸟儿飞得高，

叫我怎么打？天下百姓都听你的话，土地山河也治理好了，哪用儿子再替父亲操心呀。"

帝尧一听丹朱说出如此不思上进、无心治业的话，叹了一口气，说："你不愿学打猎，就学行兵征战的石子棋吧，石子棋学会了，用处也大着呢。"丹朱听父帝不叫他打猎，改学下石子棋，心想："下石子棋还不容易吗？坐下一会儿就学会了。"丹朱扔掉了箭，要父亲立即教他。帝尧说："哪有一朝一夕就能学会的东西，你只要肯学就行。"说着，他拾起箭来，蹲下身，用箭头在一块平坡山石上用力刻了纵横十几道方格子，让侍卫们捡来一大堆山石子，分给丹朱一半，将自己在率领部落征战过程中如何利用石子表示前进、后退的作战谋略传授给丹朱。丹朱此时倒也听得进去，显得有了耐心。

等他们从山上回去，丹朱竟然在宫中潜心研究此棋，不再出去

瞎逛了。父母看到丹朱的改变都很欣慰。但是好景不长，丹朱的棋还没学到精髓就听信他以前那帮朋友的蛊惑，觉得下棋太束缚人，没有一点儿人身自由，就又像以前一样，天天出去花天酒地，不务正业。母亲看到儿子如此不争气，痛心疾首，大病一场，不久就离世了。尧对儿子也是失望透顶，将他发配到了南方的荒芜之地。最终由舜继承了尧的帝位，舜也是吸取尧的经验和教训，用石子棋来教育儿子。

根据这个传说，尧在石头上画的那个纵横十几道的方格子，就是最早的棋盘，而最早的棋子就是没有任何规格的石子。

古代除了"尧造围棋，丹朱善之"的传说，还有"河图""洛书"说、八卦说等等，不过这只是一些传说，真正记载围棋的相关文字资料，要推到春秋战国时期。

春秋战国时期的时局非常混乱，诸侯国之间纷争不断，不时有征战发生。战争的胜负对于当时的小国家的存亡是至关重要的，因此他们对待战争也是异常谨慎的，战争该不该打，该打的话应该如何打，在探讨具体战术的时候，当时的人们发明了类似沙盘的模拟器具。

《墨子·公输》中记载："公输盘为楚造云梯之械，成，将以攻宋。子墨子闻之，起于鲁，行十日十夜而至于郢，见公输盘。……于是见公输盘，子墨子解带为城，以牒为械，公输盘九设攻城之机变，子墨子九距之。公输盘之攻械尽，子墨子之守圉有余。公输盘诎（同"屈"，理屈）。"这段记载形象地记叙了当年一场"围棋"对弈的雏形。根据这种说法，我们可否作这样一个大胆的推论：墨子和公输盘的九攻机变和九抗之对应就是最原始的围棋呢？以后逐步演变成9道、11道……17道，直至今日的19道。《墨子·公输》记载，对抗双方都对"解带为城，以牒为械"那么认同和遵守，表明这是约定俗成的，是为双方认可的比试高低的工具。这种工具的发明明显早于墨子使用之时，所以围棋的起源最早在春秋战国时期也不是妄加推测的。

另外，有史料记载，第一位围棋高手是春秋战国时期的弈秋。他的棋艺十分高超，在当时很少遇上对手。不过，在春秋战国时期，围棋的社会地位并不高，被一些上层知识分子所鄙视。在反对围棋方面，名气最大、影响最广的当属一代思想宗师孔子。《论语》中说："饱食终日，无所用心，难矣哉！不有博弈者乎？为之犹贤乎已！"从这种被知识分子不认可的现象可以看出，围棋在发明之初，被当时的知识分子认为是玩物丧志的东西。不过到了战国晚期，这种观念被打破，已经有很多王公贵族开始下围棋了，围棋的社会地位也明显得到了提高。

## 帝王的新宠

到了西汉时期，在"罢黜百家，独尊儒术"的大背景下，围棋遭到了知识分子们的白眼。不过，在汉代中后期，已经出现了围棋方面的国手。有"天下第一名手"之称的杜夫子就是这一时期的国手之一。

杜夫子棋艺高强，好棋如命，经常精心研究棋艺到废寝忘食的程度。有人嘲笑他在下棋

上乱花功夫，浪费时间。他却回答说："我精通了围棋之道，可以弥补孔夫子之不足。"一个封建士大夫，竟敢说这样的话，可见他确实是把围棋当作一种艺术，当作一门不在儒家经典之下的学问来研究的。看来杜夫子还是位有胆气的汉子，在尊崇儒术的时候，他敢于挑战当时的权威，将围棋发扬光大，对围棋的发展做出了不可忽视的贡献。

除杜夫子外，西汉时期善于下棋的还有陈逐。据说他陪当时还是太子的汉宣帝下棋，屡战屡胜，汉宣帝棋逢对手，很是开心。后来汉宣帝称帝后，封陈逐为太原太守。陈逐是历史上第一个因为下围棋下得好而被封官的人。

在汉朝，围棋虽然不是宠儿，但是在宫廷中已经开始流行。汉高祖刘邦也酷爱下围棋。据《西京杂记》上记载，每逢八月初四这一天，戚夫人总会陪汉高祖下棋。慢慢地，在这一天下棋就有了说法：下棋总会有赢家和输家，赢的人就会一年交好运，输的人就有可能遭疾病之灾。为了免灾，输家就要取一缕发丝，面朝北辰星，乞求它赐予长命百岁，这给这一风俗涂上了神秘色彩。但不管怎么说，汉代朝野皆下围棋是有据可查的事实。

汉朝时期，围棋虽然还是不被所有人接受，但是在宫廷的盛行也能说明围棋这种娱乐形式开始正式形成了，而且围棋在汉朝有了一定的形制。

围棋在汉朝虽然没有什么重大发展，但在三国时期，找到了真正"宠幸"它的主人们。

三国时期的曹操很善于下围棋。曹操不但为人有一定心计，在围棋方面也有一定的造诣。毕竟，围棋在一定意义上和军事战略有联系。曹操曾经与当时魏国的著名棋手山子道、王九真、郭凯都交过手，棋术即使不在其上，也堪称对手，旗鼓相当。

"建安七子"之一的王粲也很擅长下围棋。一次，王粲观棋，突然棋局乱了。双方都感觉很可惜，一次漂亮的对决就这样被毁了。这时王粲站出来，凭着自己的记忆将原来的棋盘摆好了。下棋人被惊得目瞪口呆，都不敢相信自己的眼睛，王粲却很镇定。为了证明这个奇迹，围观的人用布将复盘的棋局盖起来，请王粲重新摆一次，王粲再一次不慌不忙地摆出被打乱的棋局。这时围观者把那层布揭开，两边的棋局一模一样，一个棋子都不差。王粲因此被称为"弈中神人"。

三国之中，蜀国下围棋的人相对少些，但也不无名家。《三国志·费祎传》中说，费祎很擅长下围棋。费祎是蜀国的大臣，诸葛亮死后由他掌握蜀国的军政大权。在费祎还是尚书的时候，由于国家处于战乱状态，事情繁多，但是费祎不管事务多繁忙，也只是利用早晨和傍晚来办公，效率相当高，这和他善于下围棋不无关系。他白天的大部分时间都是用来接见宾客和休闲娱乐的。其实他在下棋的时候，看似在玩乐，其实是在棋盘上施展他的雄才伟略，锻炼自己的思维能力，这样，他在工作中也就能更好地规划自己的时间，提高办事效率了。

后主延熙七年（公元244年），魏军大举侵犯蜀国，这正是费祎大展身手的时候。当时，形势很紧张，敌人大兵压境，蜀军随时都有战败的可能。费祎却很镇定，稳坐军帐之中，当给他践行的光禄大夫来敏提出要再和他下一盘围棋的时候，他欣然答应了。两人对坐，来敏执白先行（与今天的执黑先行不同，但究竟古代是执白先行还是执黑先行还有些争论），专挑那激烈复杂、变化难以看清的下法。再看费祎，神色镇定，防守得法，且暗藏杀机，不失分寸。来敏见无隙可乘，且棋势露出多处破绽，于是推盘认输。费祎下围棋锻炼思维和历史上的赵括纸上谈兵有很大的区别。围棋和战术有一定关系，不是主观臆想，而是"实战演练"。

在吴国，围棋流行的程度远远胜于蜀国，而且还出现了"棋圣""弈圣"。

吴国的严子卿、马绥明是当时最有名的棋手，分别被称为"棋圣"和"弈圣"。围棋界的英才被称为"圣"，可见围棋在当时已经很受推崇了。在吴国，围棋受到如此重视，还有上层人物的功劳。吴国的上层人物中，好弈者甚多。孙策、吕范、诸葛瑾、陆逊等都是围棋好手。

围棋在两汉及三国时期，受到社会上层人物的宠爱，是围棋走向大众的第一步。两汉、三国时期是围棋发展的一个重要时期，为围棋的深远发展打下了良好的基础。

## 天地一棋局

如果说三国时期是围棋的认同期，那么魏晋时期就是围棋得到长足发展的时期。当时，围棋的流行已不仅限于上层贵族，老百姓甚至是穿梭于山林间的樵夫都已经普遍接受围棋。源于魏晋时期的烂柯山传说就从侧面印证了这一点。

晋时信安县有一座大山，在这座山的山脚下住着一个勤劳的樵夫，叫王质。王质从小就在这座山下长大，以打柴为生。一天，他像往常一样上山打柴。当他走到悬崖边的时候,他发现了一棵枯萎的大树,就想上去砍掉它。可是正要砍的时候,斧头被后面的青藤绊了一下,掉了下去。

王质唉声叹气地看着斧头不断下落,最后掉到了悬崖下边。作为一个樵夫,斧头就是他全部的家当,于是他决定下山去找。他顺着悬崖边,小心翼翼地向下移动,当他快下到一半的时候,发现了一块平地。平地上有一棵很壮的桃树,在桃树下坐着两位老者,他们正在下围棋。于是王质走过去,本来就酷爱下围棋的王质一下子就被他们的棋局吸引了。他们用的棋术是王质从来没有见过的,神出鬼没,变化无穷,王质都默默地记在了心里。

王质感觉刚看了一会儿,就发现花瓣纷纷从桃树上落下来,转眼间桃树上已经结满了小果子。这时两位老人的棋正下到了揪心处,只见两位老人不慌不忙地思考着,似乎看不到王质的存在。王质专心致志地看着他们下棋,不一会儿感觉饿了,正要起身准备回家吃饭,忽然看到树上的桃子都变得红彤彤的,已经成熟了。王质忍不住摘了一个,他吃完桃子,继续观棋。这时,他突然想起了掉下悬崖的斧头,就赶紧下山去找斧头,他找到斧头的时候,发现斧头已经锈迹斑斑,而且斧子柄已经腐烂了。他决定回家换一个柄继续砍柴,可是当他到了家乡,发现村里的人他一个也不认识了,一打听,才知道已经过了一百年了,他认识的人都去世了。

看到这种情况,王质又返回老者下棋的地方,发现两位老者仍然在那儿下棋,他恍然大悟,原来这两位老者是仙人。后来,人们把王质烂掉斧把的这座山唤作"烂柯山"。"柯",指的是斧头的木把。人们把两个仙人下棋的山峦叫作"棋盘山"。

在封建社会,一项事物在民间的流行,往往与帝王的提倡分不开。据说,西晋的开国皇帝司马炎就是一个棋迷。

司马炎酷爱围棋,经常和臣子们下棋,而且一下围棋就痴迷,什么事情也不管。有一天,他正在和丞相张华下棋,老将军杜预拿着表章来御花园找他，请示关于攻打吴国的事宜。可是杜预来的不是时候，司马炎正和张华下到了关键时刻，哪里顾得上什么国事。于是司马炎就随便给了答复，杜预听到这个答复后很是气愤，掀翻了他们的棋盘。杜预不顾自己的生命进言，说皇帝不能为了下围棋而耽误国事，应该知道孰轻孰重。司马炎看杜预如此忠心，自己作为皇帝却在这儿下棋，自感惭愧，认真分析了形势之后，最终做出了正确的决定。

司马炎在位时，不仅自己嗜棋如命，而且在全国范围内倡导人们下围棋，在全国掀起了一股围棋风。上至帝王，下至百姓，当时的一些社会名流更是以不会下围棋为耻，围棋在晋朝已经成为一种全国性的娱乐形式。魏晋时期虽然有短暂的统一时期，但是大部分时间处在战乱之中，大分裂的状态反而使文艺得到了较好的发展。动荡的时局，使人们认识到人生苦短，生死观开始改变，享乐成了一时的风气，围棋虽然以"游戏"的形式传到魏晋，却在魏晋上升为一种"技艺"。

当时的"竹林七贤"著称于全国，"七贤"中的阮籍和王戎对围棋最痴迷。阮籍有一次正在下围棋，听到母亲去世的消息，但是仍然面不改色地下围棋。等那盘棋决出了胜负后，阮籍饮一口酒，却喷出了鲜红的血。如果说阮籍性情古怪，那么和他同为"七贤"之一的王戎，也是一个"怪胎"。从小就有一定棋名的王戎在听到母亲去世的消息时，仍然是津津有味地看别人下棋，可见当时人们对围棋的痴迷程度。

说起痴迷，他们两个还不算"痴"，最痴迷的是不计荣辱的裴遐。裴遐嗜棋如命。有一次，他正在镇东将军家和别人下棋，下到尽兴时，司马氏向他敬酒，他由于太出神了，没有立刻饮尽。司马氏本来就比他官职大，而且已经喝多了，裴遐这样不给面子，司马氏气得将他推倒在地。这时裴遐的反应居然是爬起来接着下棋，在场的人都惊呆了。裴遐下棋时，全神贯注到不计个人荣辱，可见他对围棋是多么痴迷。

魏晋时期，不管是王公大臣还是平民百姓都开始迷恋围棋，围棋作为一种技艺，逐渐活跃在人们的业余生活中，当然也出现了专门的棋人。围棋在魏晋时期成为一种时尚，被广泛传播，得到了快速的发展。

## 梁武帝与围棋大赛

如果说围棋是在魏晋时期得到了快速发展，那么南北朝时期的围棋可谓是进入了黄金时期。南北朝是我国历史上的大分裂大迁移时期。但是战争大部分发生在北方，南方在这个时候恰恰得到了很好的发展，经济繁荣，人们生活相对稳定。经济情况虽然和博弈的关系不是特别密切，但对围棋也有间接的影响。宋文帝、宋武帝、梁武帝统治时期，经济繁荣，同时围棋活动在这个时期也达到了全盛。

南朝的皇帝虽然棋艺高低有异，但是他们都比以前的皇帝更加痴迷，对围棋更加倡导。弈具、弈制和弈论在这一时期也都是由皇帝带头改变的，所以南北朝的皇帝是这一时期围棋发展的最大推动力之一。这一时期还出现了专门发展围棋的机构——围棋州邑。南北朝时期，下围棋不仅成为一时的风气，而且人们对围棋有了更高的要求。

据《陈书·陆琼传》记载，南北朝时期有个叫陆琼的小孩，8岁时就能复盘，并且时常在客人面前表演，轰动了京城，一时以"神童"名满天下。当朝皇帝听说后，传旨召见。在皇帝面前，陆琼也毫不紧张害怕，而是进退有度，让皇帝深为惊讶。

南北朝时期的围棋风气不仅影响了乳臭未干的孩子，连闺阁中的女子都忍不住要尝试一下。据说齐朝东阳这个地方，有一个名叫娄逞的女子，知书识礼，有点儿文才，懂围棋，也酷爱下围棋。为了下围棋，娄逞想尽各种办法，因为古代的女子到了待嫁的年龄就不准出家门了。最后娄逞学习花木兰，女扮男装，与达官贵人交往。果然，在与围棋高手的对决中，娄逞逐渐崭露头角，因为围棋下得好，她还被任命为扬州议曹从事。可是娄逞毕竟是女儿身，不能像男人一样在外闯荡，不久就被发现是一个乔装打扮的女子。娄逞这招虽然犯了欺君之罪，但是念在她棋艺高超，不是诚心骗人的分上，宋明帝只是将她遣送还乡。封建社会男尊女卑，女子学棋十分不易，由此可见娄逞的勇敢和智慧。她是我国史书上记载的第一位女棋手。

据《梁朝·陈庆之传》记载，梁武帝"性好棋，每从夜达旦不辍，等辈皆寐，唯庆之不寐，闻呼即至，甚见亲赏"。梁武帝对围棋的痴迷程度可以说无人能比。他不仅自己甚爱下棋，通宵不辍，而且经常在宫内或者"城内"组织围棋比赛，甚至还亲自参加。他还曾令大棋手柳恽和陆云公主办了一次全国性的围棋大赛，规模宏大，轰动一时。全国优秀的棋手齐聚一地，堪称一大盛举。比赛精彩纷呈，许多棋手水平不相上下，各出奇招。比赛结束后，由柳陆二人主持，给棋手们定品级。据《南史·柳恽传》上记载，当时能评上品级的棋手就有278人，可见参加的人很多。这是有据可查的最早一次全国性围棋比赛。

南北朝时期，在围棋界还有"速思取势"的王抗、棋力上品的朱异、围棋"神童"褚胤、因"赌郡戏"而获得官职的羊玄保、善于思考的褚思庄等等。他们都为围棋在棋艺、棋谱、棋论上的发展做出了突出的贡献。

## 大唐的棋中豪杰

隋唐时期，围棋风头更劲，其发展的态势，较之魏晋时期有过之而无不及。特别是唐朝中期，由于唐玄宗酷爱围棋，他对棋手们也十分尊敬，更是出台了各种优待政策，棋手们的社会地位在唐朝得到了提升。唐玄宗在宫中还设立了专门管理围棋的职位，叫作"棋待诏"，为九品职位，直属于翰林院管制。唐朝时最著名的棋手是王积薪，他以自己高超的棋艺成为棋待诏。关于王积薪，还有一个神奇的传说。

据唐朝薛用弱《集异记》载：安史之乱时，唐玄宗被迫往西南逃窜，文武百官紧随其左右，其中包括棋待诏王积薪。沿途都很少见到大的集镇，唐玄宗一行众多人马每日只能歇宿于路途上的邮亭。人多屋少，很多人都要自己找寻休息的地方。这日，一行人在某处邮亭休息。王积薪走了很远才找到一处人家。这家只有婆媳二人。天刚黑，婆媳已经关上门准备安寝，只让王积薪栖于房檐下。王积薪很长时间无法入睡，忽然听到西屋内的婆婆对媳妇说："夜里没什么可以消遣的，下盘围棋如何？"住东屋的媳妇说："行啊。"王积薪暗自奇怪，屋里头根本没点灯，况且一人住东屋一人住西屋，不知这围棋是如何下法，就把耳朵贴在门板上听起来。一会儿，只听媳妇说："起东五南九置子矣。"（古代下围棋是座子制，黑白双方各走了对角星，所以这第一步棋大约是右手边上星位的尖冲位置。）婆婆答道："我下在东五南十二处。"媳妇说："起西八南十处放子。"婆婆马上应道："我下西九南十处。"再往后，每一步棋二人都要思考好长时间。她们一直下到四更（凌晨一时至三时），王积薪将每一着棋都细心地记了下来。忽然，他听到婆婆说："媳妇啊，你已经输了，我最多能赢你9个子。"媳妇心悦诚服，也没有辩驳。

等第二日天大亮，王积薪整理好衣冠进屋去请教。婆婆年岁已高，说道："把你认为满意的棋局摆给我看。"王积薪从行囊中取出一直随身携带的棋具，把自己一生中认为最奇巧的着法一一摆了出来，但是只摆到十几步。婆婆回头对媳妇说："可教给他一些通常的下法！"于是，媳妇走上前来给王积薪指点了一些攻守、杀夺、救应、防拒之法，但解说得并不十分透彻。王积薪便请求讲得再深入一些。婆婆笑答："就这些，已足够让你在人世间没有可抵挡之人了。"

王积薪十分虔诚地表示了感谢后遂和婆媳告别，等走出十几步后，回头望时却怎么也找不到那几间房舍。从此，王积薪的棋艺大有长进，果然超逸绝伦。

王积薪与妇姑对棋的故事，虽然是个传说，但是王积薪的棋艺至高却不是传说。王积薪与人下棋有一个怪癖，就是喜欢去外面和人下棋，如果他输了，就请人家吃顿肉。很多人都是信誓旦旦地去吃那顿肉，可是没有几个人能吃到。他在下棋的过程中还总结出几条下棋的诀窍，那就是：一、不得贪胜。二、入界宜缓。三、攻彼顾我。四、弃子争先。五、舍小就大。六、逢危须弃。七、慎勿轻速。八、动须相应。九、彼强自保。十、势孤取和。这虽然是几句短小的话，但是里面蕴含着围棋的精髓之处。这十条被后人概括为"围棋十诀"，后人从这十条中受到了很多启示。

唐朝不仅王公贵族善于下棋，当时的许多诗人也是棋中豪杰，如李白、杜甫、元稹、白居易、刘禹锡、杜牧等等，他们不仅长于诗文，对围棋也有着极深的造诣，而且他们还把围棋写到诗文里。比如杜牧在写围棋高手王逢时，就称赞他是"赢形暗去春泉长，拔势横来野火烧。守道还如周柱史，鏖兵不羡霍嫖姚"，十分形象和巧妙。围棋在唐朝已经形成了现在围棋的基本格局，在围棋发展史上起到了承上启下的作用。

## 围棋在日本

唐朝在我国封建王朝中是一个全盛的王朝，围棋在这一时期也达到了鼎盛时期。史书记载,"百济之国……尤尚弈棋",《隋书·东夷》记载:"倭国……好棋博。"通过史书记载,我们可以看出,围棋不仅在隋唐时期是一种时尚,就连当时的朝鲜半岛及日本也是流行围棋的。

唐代学者李延寿纂修的史籍《北史·百济传》中开始对朝鲜的围棋陆续有了记载:"百济之国,……有鼓角、箜篌、筝、竽、箎、笛之乐,投壶、摴蒱、弄珠、握槊等杂戏,尤尚弈棋。"

这些史料足以说明,朝鲜半岛在唐之前以百济国的围棋风气最浓。就整体而论,新罗、高句丽的文化属于北朝体系,百济国的文化属于南朝体系。东晋南朝与百济都有通使往来,梁时百济"累遣使献方物,并请《涅槃》等经义、《毛诗》博士,并工匠、画师等",梁武帝都答应其要求,下令"并给之",当时的吴郡人陆诩曾应聘前往百济讲学。百济与南朝的文化交流非常密切,百济国在先唐时围棋活动的盛行,显然是受到南朝鼎盛弈风的影响。

围棋传到日本被视为中日文化交流史上的一件大事。在日本的奈良时代(公元710—794年),日本派出了留学生吉备真备到当时中国的唐朝来学习中国的文化,顺便他也学习了中国的围棋,并把围棋棋艺带到了日本,从此日本开始有了围棋。(这是大家比较认可的一种关于围棋传入日本的说法。)这种说法大约是在围棋流行的日本平安时代(公元794—1192年)中期出现的观点,但是有许多疑问之处。日本人目前还有种比较肯定的说法是:围棋在公元4—6世纪,中国的南北朝时期,和中国的佛教、天文等华夏文化一起,经过朝鲜(新罗、百济、高句丽)传入日本的。在日本奈良的正仓院里,珍藏着3个围棋盘和数副围棋子,棋盘是用紫檀木和桑木做成的,棋盘上的19条横竖交叉的线是用白色的象牙刨成细条镶嵌而成,做工相当复杂。据日本人考证,这些棋具都是百济国(朝鲜)送给日本圣武天皇(公元724—749年)的贡品。它们和日本镰仓初期的画师勾绘的吉备真备与唐朝棋手对弈的场景——《吉备大臣入唐图》都是日本人非常喜欢的国宝。

　　中国古籍最早记载日本围棋活动的，见于《北史》和《隋书》的《倭国传》，说倭国之俗，"每至正月一日，必射戏饮酒，其余节，略与华同。好棋博、握槊、摴蒱之戏"。《隋书》又记载开皇二十年（公元600年），日本国王阿每遣使来华，隋高祖杨坚令所司访其风俗，从使者那里了解到的日本游戏活动情况，基本上是可信的。

　　因此，现在弈史学界都认为，围棋是在隋之前的某一时期传入日本的，当然最有可能的是在南北朝时期。据统计，南北朝时日本国王遣使来华的次数为：宋朝八次，齐朝一次，梁朝一次。考虑到从宋到后梁国祚比较短暂，可知这一时期中日之间的正式交往十分密切。据日本史书《古事记》和《日本书纪》所载，刘宋时曾应日本的要求派去织工和裁缝，日本人称这些织工为汉织、吴织。宋、齐、梁三朝，围棋异常兴盛，朝廷上下棋风如炽，势必会对日本产生很大的影响。这是因为当时日本与中国关系十分密切，围棋在这个时期传入日本也是顺理成章的。

　　十九道棋盘大约在东晋时期问世，这一形制的棋局传入日本，其时间上限恐怕不会早于东晋。但是浅由宗伯在他的《皇国名医传》中记述汉医藤原永全的家谱说："永全系天智天皇（公元625—671年）之侍医，堪能之誉颇高，敕赐姓藤原。其祖刘伯阳，避王莽之乱归化，实我垂仁帝之朝。其孙有春平者曾使西域，传授围棋而来。"根据这一项记录，有人判定围棋是在景行天皇即位第37年由东汉传入日本。很凑巧的是，我国《后汉书》中记载安帝即位的永初元年（公元107年），有帅升携"生口"160人从倭国来朝，而永初元年算来恰是日本景行天皇即位后的第37年。

　　东汉传入说的实质是要说明中国围棋早期的东传日本主要是通过人种的交流来实现的。人种交流是中日发生联系的最早时期的最原始形式，史家习惯上把公元前3世纪之前移徙到日本的中国人称为"秦汉旧化人"，把公元3—7世纪移徙到日本的中国人称为"新汉人"。东汉时期，中国国内的围棋活动逐渐升温，围棋在那时通过移徙的中国人传入日本并非没有可能。或者说，中国围棋可能在东汉时第一次传入日本，那时传日的应是中国国内流行的十七道棋局。"应该将围棋传入日本看作是一个不断求索和浸润的时间过程。"具体说来，围棋可能是在东汉时第一次传入日本，在东晋南北朝时第二次传入日本。十九道棋盘传入日本后，很快成为国技而发扬光大。发展到现在，围棋已同茶道、花道等一样，早已根深蒂固地成为日本的传统了。

中日曾经举行过很多次对弈，在棋盘上的较量也并不简单。因为这时的围棋代表的不仅是一种技艺，更多的是国家的尊严。中国在棋盘上很少输给日本，但是在传承和发扬光大上远远不如日本。不得不承认，日本的棋道是围棋中的精髓，中国人再不觉醒，围棋也会像端午节一样成为别国的"文化遗产"，中国传承了几千年的文化将在现代产生断层。

## 赛场论棋

经历了唐朝的繁荣和衰败之后，围棋的命运似乎和国运相连，也出现了衰微的现象。五代十国时期，各个国家之间相互征战不断，人民生活苦不堪言，但是南方的蜀国和南唐相对稳定，围棋在这两个国家得到了一定的发展。大家熟悉的南唐后主李煜，不仅诗词写得好，下围棋也是他的强项。李煜下围棋经常是废寝忘食，作为一国之主，他甚至会忘记自己的身份，完全沉浸在围棋的世界里。

五代十国时期，围棋虽然得到了一定的发展，但毕竟是在一个战乱的时代，发展得并不迅速。到赵匡胤统一全国，建立宋朝时，围棋的发展进入了黄金时期。宋朝"重文轻武"的政治环境，为围棋的发展提供了良好的环境。

最早的由皇帝组织的围棋比赛出现在南北朝时期。宋朝围棋出现了"棋会"，即公开比赛。这一时期，围棋公开赛已经脱离了皇帝的控制，形成自发的比赛氛围。宋徽宗时期，出现了一位棋霸，即在宋朝的棋坛上战无不胜的人物——刘仲甫。

刘仲甫参加过无数次的比赛，几乎没有输过，被称为战无不胜的第一棋手。刘仲甫独霸棋坛二十几年，当时能和他一决高下的只有祝不疑、晋士明、王憨，而其中的祝不疑是能让刘仲甫都忌惮几分的大棋手。祝不疑有一次进京办事，途经一个寺庙的时候看到里面有人正在下棋，更巧的是，当时刘仲甫就在那个寺庙里。当时刘仲甫的名气是众人皆知，但祝不疑也是小有名气了。于是大家都怂恿他俩来一场对决，高手之间的对决想必会非常精彩。

祝不疑一上来就要求刘仲甫让子，但是刘仲甫还是很谨慎的，没有让子，而是让祝不疑先走子。两个高手之间的对决开始了，大家都用期待的眼神看着他俩，比赛场地没有一点儿声音，气氛很是紧张。棋局开始时很是精彩，几乎不分上下，但是后来祝不疑明显表现出不及刘仲甫。这时，祝不疑再次要求刘仲甫让子，刘仲甫这时的反应和开始大不相同，他对祝不疑说："你开始下棋时下得很好，但是后来不怎么理想，如果你再这样下下去，我让你五个子都可以。"祝不疑听到刘仲甫的略带讽刺的话，没有任何反应，只是笑了笑。

后来，他俩又下了一盘。当他们下了三十几个子的时候，刘仲甫突然停住不走棋了，而是问祝不疑叫什么名字。沉浸在围棋里的祝不疑一时没反应，没回答。旁边的人告诉刘仲甫，与他下棋的是信州的李子明。刘仲甫心想，天下有名的棋手我几乎都有所耳闻，但是没有听说过李子明。后来他俩这盘棋没有下完，刘仲甫由于要赴约，就留下残局，想改日再找"李子明"下棋。当刘仲甫刚要走时，不知谁告诉他，刚才与他下棋的就是大名鼎鼎的祝不疑。刘仲甫知道后，只是淡淡地说了一句"果然名不虚传"。他俩这盘棋最终也没有下完，虽然后来刘仲甫经常去找祝不疑，但是不知为什么，他俩此后只是谈天，从来不谈棋。

宋代的棋坛不仅有这些文人和王公贵族们，平民百姓也开始参与其中。宋朝有个叫郭赞的人，他家境贫寒，但酷爱围棋，经常是哪里有棋局哪里就有他。

有一天，郭赞在寺庙下棋，正与寺里的和尚下得尽兴之时，忽然听到外面有人喊："南衙大王（宋太宗未当皇帝时，有此称呼）来了！"这时一般的平民百姓是要回避的，郭赞由于下棋上瘾，到不得不走的时候才匆忙离开，连棋都没有收。宋太宗到了寺庙，看到残局，很是兴奋。因为他也是一个棋痴，便问那和尚，他在和谁下棋。和尚说是当地的一个百姓，叫郭赞。宋太宗的棋瘾被勾起来了，派人去找郭赞。当把郭赞叫到身边的时候，宋太宗没提棋，而是问郭赞是否会写文章。巧的是，郭赞刚刚写了一首诗放在身上，于是拿给宋太宗看。宋太宗不仅欣赏他的棋艺，对他的文采也是相当认可，于是就将他带到宫中，做了自己的随员。郭赞凭着自己的棋艺和文采，被宋太宗看中，最终官至"公辅"。

## 博大精深的棋经

宋朝不仅出现了众多的棋会，最主要的成就还有对棋论的发展。棋论的发展比较缓慢。最初有文字记载的棋论出现在汉朝。班固的《弈旨》一文，对围棋作了细致、深刻的论述。他指出：一个好棋手要有雄才大略，要有全局观念，计划要周密，并提出了声东击西、应此攻彼的战术。

此外，另一个比较有名的棋论，是唐朝王积薪总结的"围棋十诀"，基本上总结出了围棋的奥秘。到了宋朝，棋论又有了发展，出现了《棋诀》。《棋诀》是对王积薪的"围棋十诀"的发展，更全面、更系统、更深刻地总结了围棋的一些规律，在理论和实践上都具有较高的价值，是围棋发展史上的又一座里程碑。

宋朝有很多棋坛上的高手精心研究棋艺。徐铉本是南唐的重臣，爱好诗文和围棋。南唐灭亡后，他归顺宋朝。此后，虽然也有官职，但是他将更多的心思放在了研究棋艺上，成为宋太宗身边的重要艺臣。徐铉曾编辑《金谷园九局谱》和《围棋义例》，专门论述围棋。

徐铉在围棋史上的贡献主要有两点：一是改进了古图记谱法。古图记谱是以平、上、去、入四声分为四隅。这种记法是受到古代人对宇宙的认识的影响，即"分而为四隅，以象四时"。这种记谱法的缺点是几乎没有一点儿精确度，模糊不清，不便捷，在很大程度上影响了古谱的流传范围。徐铉发明了坐标式的记谱方法，将19条线分别用19个字表示。这样记谱就容易多了，而且很清楚，简单易学。每个点用两个字表示，不容易出错，但是还是不够精确。二是规范了行业术语。自从有文献记载围棋以来，围棋出现了大量的术语，但是就像方言一样，每个地方都有自己的特色。徐铉则搜集了大量的围棋术语，将它们做了统一的规定，相当于开创了棋坛上的"普通话"。

徐铉的《围棋义例》是弈史上专门解释围棋基本术语的最早的文献之一。徐铉将围棋的基本术语归纳为32个，并对其含义作了准确的诠释。他的权威的诠释，为后世弈家所遵循，对后世围棋理论的发展做出了突出贡献。

在围棋的历史上，影响最为深远的棋论著作是《棋经十三篇》，它影响了古今中外的围棋。《棋经十三篇》是我国流传至今最完整、最系统的围棋理论经典著作。它的原名，最初可能只是《棋经》，后来根据《棋经》的具体内容才命名为《棋经十三篇》。这篇流传百世的棋经，作者是谁，到现在也没有一个确切的定论。大部分认为是南宋的张靖。因为他在一定程度上完成了围棋理论的系统性。

《棋经十三篇》比起以往的围棋理论，在一些重要问题上论述更加全面，特别是涉及围棋战略、战术的篇章，是妙绝千古的真知灼见。比如，书中提到的战术有"棋有不走之走，不下而下""有先而后，有后而先"等。《棋经十三篇》中的理论还露出了辩证思想的端倪。作品中不仅涉及了很多战略战术问题，还提到了下棋者的棋品问题，正所谓"观棋不语真君子"等反映人的品质的，如"胜不言，败不语""安而不泰，存而不骄"等。书中的观点至今还被棋手们所称道，这是围棋史上最重要的理论，当时"人人皆能诵此十三篇"。

与《棋经十三篇》相提并论的棋经有《忘忧清乐集》和《玄玄集》，这两部书在围棋史上也有着举足轻重的作用。

## 哪有才人不爱棋

围棋发展到明清时代，出现了前所未有的辉煌。

明朝是中国古代历史上比较特殊的时期，以农业为主的国民经济在明朝有了划时代的发展，手工业有了质的提高，出现了城市。有学者认为，中国在明朝出现了资本主义萌芽，这就意味着社会有了更富裕的生活、生产资料。由于社会财富的成倍增长，江南地区已出现了"民殷富，人肩摩，庐舍鳞次，商贾辐辏"（《浙江通志·风俗》）的局面。与此同时，派生出了既不是农民也不是士大夫阶层的市民阶层——相当于现在的所谓中产阶级。这个阶层的出现为中国文化事业的发展注入了无限的生机，因为他们既有钱又有时间。文化事业发展的两个必要条件在明清的上升时期空前高涨。

作为古代围棋经典的围棋书籍在明朝大量出版，甚至连民国和新中国改革开放之前出版的围棋书籍都比不上明清之际。明清时期，我国的文学事业也有了新的发展，长篇小说、戏剧等都是以前的时代无法比拟的，围棋和它们交融在了一起，当时的许多文学名著中都出现了关于围棋的描写和记载。

明太祖朱元璋就很喜欢下围棋，这虽然没有在正史中找到依据，但是有关南京胜棋楼就是他和徐达下围棋赌胜负的地方的传说，在社会上流传甚广。胜棋楼遗址保持至今还相当完好。朱元璋留下的和围棋有关的对联也能说明他喜爱围棋，他不把围棋看成是单纯的棋艺或者游戏，而是在体会其中隐喻的帝王事业。其中一副对联是："烟雨山河六朝梦，英雄儿女一枰棋。"还有一副是他出的上联，大臣们对的下联："天作棋盘星作子，日月争光。雷为战鼓电为旗，风云际会。"

"上有好之，下必甚焉"，由于皇帝喜欢围棋，围棋自然也成了平常百姓的喜好。但如果百姓整日痴迷于围棋，也会影响到国计民生，朱元璋又不得不下令："在京军官军人……下棋的断手。"据传又建造了"逍遥楼"，专门囚禁下围棋的老百姓。但是这些戒律和做法，已经无法阻碍围棋的普及和发展。名家好手，如雨后春笋般出现，同时也广为流传着许多关于这些围棋名士们的逸事，如明朝早期的棋手刘景痴迷围棋，到了连皇帝都不怕的境地。刘景常陪明成祖下棋，而且经常以胜利告终。成祖屡战屡败，对刘景说："你就不可以让我赢上一盘吗？"刘景回答："可让的，我让你；不可让的，我是不能让的。"

到了明孝宗时，称雄棋坛的是一个名叫赵九成的人，由外省进京下棋，竟没有敌手，顿时名声大振，明孝宗知道后，马上将他和京城名手一同召进皇宫下棋。赵九成有许多独出心裁的招式，连连得手，看得孝宗大开眼界，赞叹道："真国手也！"事后，明孝宗赐了赵九成官职。

大文学家王世贞在《弈问》《弈旨》中对一些棋手作了评价和记载。他本人也是当时的围棋高手，具有很高的围棋理论修养。《宛委余编博物志》对王世贞的围棋活动有较详细的记载。《休宁县志》上说苏具瞻也是一围棋大家，称赞他天资聪敏，自小对围棋就十分喜欢，未及弱冠便"擅名海内"，"海内遍有小苏之名"。他在棋坛上活跃的时间很长，直到明末，还与朱玉亭、林符卿、过百龄等较量过。他的围棋著作《弈薮》共6卷，自成一格，历年来备受棋界赞誉。

　　《宛署杂记》记载：当时艺坛有八绝，其中一绝是阎子明的围棋，书中说阎子明与他人对弈，不用等棋局结束，他就能预知输赢多少，而且计算得很精当。据此我们可以知道，早在明朝，我国就已经有了高水平的围棋判断能力。

　　特别需要指出的是明末围棋国手过百龄，他毕生从事围棋的实践、探索和研究活动，不论在实战上还是在理论上，都做出了卓越贡献，使我国围棋达到了一个新水平。过百龄之后的围棋高

手，都是在他打下的基础上继续提高和发展的，使中国围棋达到了史无前例的高峰，而这一切与过百龄的贡献是分不开的。清朝诗人钱谦益写过《京日观棋六绝》一首，特注明"为梁溪弈师过百龄而作"。新中国的围棋高手过惕生是过百龄之后，曾任北京围棋队教练，当代"棋圣"聂卫平是他的嫡传弟子。过惕生还多次代表新中国和日本棋手比赛，和他的先祖一样对中国的围棋事业做出了宝贵的贡献。

作为传统文化的围棋，因是社会上层人士表明自己既知识渊博又风度优雅的表现，而被清朝的统治者们继承下来。到康熙年间，还涌现出了许多历史上都有名字的围棋好手。在过百龄和周懒予言传身教的传播基础上，中国围棋史上再现了"两座高峰"——黄龙士和徐星友。

黄龙士，名虬，字月天，江苏泰县（今江苏泰州）姜堰镇人。据徐星友所著《兼山堂弈谱》记载，黄龙士生于清顺治八年（公元1651年）或十一年（公元1654年）。黄龙士小时候棋名已闻达乡里，长大后父亲就带他到北京找名手对弈，从此黄龙士棋艺大进，不久后一跃而为国手。他与在棋坛驰骋50余年、久负盛名的盛大有下过7局，获得全胜。在清初"群贤蔚起，竞长争雄"的情况下，黄龙士鹤立鸡群，"一切俯视之"，夺得霸主地位。

前辈大家周东侯，此时棋力亦在黄龙士之下了，其他棋手见了他更是退避三舍，不敢与之争锋。当时人们尊黄龙士为"棋圣"，他和思想家黄宗羲、顾炎武等人并称为"十四圣人"，可惜黄龙士刚到中年便撒手人寰。对于他的壮年早逝，说法颇多，有人疑为是被同行高手所害，但无定论，此事也是围棋历史上的一大疑案。

黄龙士对围棋发展的贡献在于他转变了围棋的风格。他之前，棋风狭窄凝重，全在于局部的钩心斗角。黄龙士之后，棋风重全局而轻具体，局面开阔，轻灵多变，算路深远。徐星友这样概括黄龙士的棋："寄纤农于澹泊之中，寓神俊于形骸之外，所谓形人而我无形，庶几空诸所有，故能无所不有也。""一气清通，生枝生叶，……不染一尘，臻上乘灵妙之境。"总的来说，黄龙士对局时考虑全面，判断准确，力争主动，变化多端，不以攻杀为主要取胜手段，为中国的围棋开辟了另外一番境界。在黄龙士以前，中国的棋手多似猛张飞，只知道一味搏杀，不知道不战而屈人之兵方为兵家之上乘。

比黄龙士成名稍晚称雄棋坛的是他的学生徐星友。据《杭州府志》记载，徐星友名远，钱塘人。初，师从黄龙士，为了学习围棋，"三年不下楼"，言及徐星友专心致志，刻苦用功。当他和黄龙士的水平只有两子之差时，黄龙士仍以三子相让，与徐星友下了10局棋。因为要多让一子，所以黄龙士不得不招招苦思冥想，棋局下得异常惨烈，被人们称为"血泪篇"。这10局棋之后，徐星友棋艺猛进，终于可以与老师齐名。

康熙末年至嘉庆初年，棋坛出现了一群围棋高人，最为著名者是梁魏今、程兰如、范西屏、施襄夏等4人，被称为"四大家"，并列于棋坛之巅。清人评论说，"本朝国弈，以梁、程、范、施为最，范、施晚出，尤负盛名。四家之弈，高深远计，突过前贤"。

时人曾如此评价范西屏："范于弈道，如将中之武穆公，不循古法，战无不胜。"范西屏的可贵之处，还在于他并不认为围棋发展到自己这儿就停止了。他认为围棋的发展是无穷无尽的。他说："以心制数数无穷头，以数写心心无尽日。勋生今之时，为今之弈，后此者又安知其不愈出愈奇？"足见这位围棋泰斗不以自己的高峰为高峰，相反，他知道任何人都是有局限性的，知道围棋和其他许多方面的事情一样，都会继续发展下去。

施襄夏是在前人的基础上，以自己独特的面貌出现在围棋舞台上。在《弈理指归序》中，施襄夏对前辈和同辈棋手有十分精辟的论述："圣朝以来，名流辈出，卓越超贤。如周东侯之新颖，周懒予之绵密，汪汉年之超逸，黄龙士之幽远，……夺巧胜者梁魏今，至程兰如又以浑厚胜，而范西屏以遒劲胜者也。"施襄夏不仅棋艺高超，而且在围棋的理论方面也进行了可贵的深入探索，他和范西屏下出的"当湖十局"已经成为中国围棋历史上永不磨灭的璀璨明珠，其算路的精确深远，即使是当今中、日、韩的高手也佩服得五体投地。

清末的内忧外患直接影响到社会的稳定和经济的发展。如果连吃饭都成了问题，围棋的水平肯定是要大打折扣。清末棋手水平与前代相比大为逊色，其中水平最高的陈子仙、周小松，距范西屏、施襄夏尚有相当一段距离。关于这一点，当时有人说道："降至陈、周，世变稍稍暗矣。士或怀才不得逞，则奔走为衣食计，手谈坐隐，余事蓄之。"

## 棋　谱

明清之际的围棋理论也有了前所未有的发展，这一时期出版了大量围棋专著。此时的围棋著作已不仅仅是多至几百言少则几十个字的诗词歌赋，而是成本成册成卷的书籍，更为可喜的是，有了大量围棋高手的实战对局流传于后世，使今天的人们由于有了上述围棋书籍的面世，得以欣赏、学习古代高手的棋艺。

著名的围棋专著有：

过百龄著有《官子谱》1卷，《三子谱》1卷，《四子谱》2卷。《官子谱》价值很大，是我国古代一部全面地、透彻地研究围棋死活、收官妙手的专著。此书不仅有了现代版，早年就流传到日本，并成为日本历代围棋高手的必读物。

《仙机武库》8卷，著者陆玄宇父子，是明万历年间著名藏谱家。此书是从当时几部著名棋谱及对局中选录编辑而来的，所以有很高的价值。后来过百龄重新整理、校订了这部书，使其内容更为准确丰富。

《万汇仙机棋谱》2集，收有100盘对局，遗憾的是只有残本，明潞王朱常淓辑。据考证，这本书里的棋谱都是棋手编排出来的，不是真实的实战记录。棋谱中有很多走法在实战中是不可能出现的，但是具有很强的观赏性。其中关于征子的编排非常精妙，可惜没有什么实用价值。

到了清代，此时围棋名家写的围棋书和明朝时的围棋书有很大的不同，自己评论自己的实战对局多了，编辑评论别人的棋局的书少了，这也是围棋发展到一定阶段后，更加成熟的表现。

《黄龙士全图》是清朝初期围棋高手黄龙士的著作，也是黄龙士对自己丰富实战经验的精心总结。比较以前对围棋规律的泛泛而谈，黄龙士将围棋理论和具体的围棋实战结合得更紧密了。他在书中的《自序》里全面论证了围棋的战略战术，如谈到布局和全盘战略时，他说："辟疆启宇，廓焉无外，傍险作都，扼要作塞，此起手之概。"谈到攻守和战术原则时，他说："壤址相借，锋刃连接。战则挥师独前，无坚不暇，守则一夫当关，七雄自废。此边腹攻守之大势。"谈到形势判断时，他说："地均则得势者强，力竞则用智者胜，著鞭羡祖生之先，入关耻沛公之后，此图失之要。"谈到策略时，他说："实实虚虚之同，正正奇奇之妙，此惟审于弃取之宜，明于彼此缓急之情。"这些都是黄龙士从对局实战中总结出来的真知灼见，也显示出了黄龙士自己的棋风。

作为和黄龙士齐名的围棋高手徐星友，后半生倾注全力撰写了《兼山堂弈谱》，这是我国最有价值的古棋谱之一。明朝以前的棋谱，一般只列姓名、图势，不加具体的文字评论。自明朝中叶起，有的棋谱开始加些评语，但多是寥寥数语，读者常常费思而不得其要旨。清朝初期的一些棋谱，如吴贞吉的《不古编》、盛大有的《弈府阳秋》、周东侯的《弈悟》等，开始改变过去评语过于简单的情况，但终因棋艺和围棋理论水平有限，多不敢下断言，致使读者阅后而不知其所云，不确之处俯仰皆是。

徐星友的《兼山堂弈谱》精选了过百龄、李元兆、周懒予、盛大有、汪汉年，周东侯、黄龙士等国手的名局，详加评注，观点力求中肯确当。徐星友结合自己一生的实战经验，对各个棋局得失优劣作了认真的研究分析，并对各个名手的棋风进行了深入总结。此书影响很大，后世围棋国手施襄夏说："得之（指《兼山堂弈谱》）潜玩数年，获益良多。"

周懒予的棋著有《围棋谱》1卷。现传的是同治十二年（公元1873年）苏州复刻本。

清朝围棋书中最为有影响的当是清朝围棋大家范西屏和施襄夏所著的《桃花泉弈谱》和《弈理指归图》。此二书自清初以后多次翻印，并传于海外，广为人知，就是今人也认为范、施的棋书，是学习和提高围棋水平的必读作品。

## 文人与围棋

围棋在明清以后由于越发普及，自然成了许多知识分子的爱好，也越来越多地成为诗、词、歌、赋吟咏的对象。明清小说兴起以后，围棋也自然地成了小说里描写和借助的题材。

明清时代的古典小说，讲到围棋的作品有很多。罗贯中的《三国演义》，在"卜周易管辂知机""关云长刮骨疗毒""降孙皓三分归一统"等片段中，都有下围棋的情节。吴承恩的《西游记》，详细描写了魏征梦斩泾河老龙之前，唐太宗召他下棋的情况，还有人参果树被打坏以后，孙悟空到仙岛求方，看见福、禄、寿三星下围棋和九老"着棋饮酒"的情节。许仲琳专讲神鬼的《封神演义》，也提到殷纣王和费仲、尤浑下棋的事。李汝珍的《镜花缘》，就是从百花仙子和麻姑下棋开始，从而引出了全部的故事。

以描写城市市景民俗生活而著名的《金瓶梅》，在第十一、二十二、二十三等回中都描写了下围棋的情景，对围棋的对弈过程叙述得很精确到位。书中的西门庆和他的小老婆潘金莲、孟玉楼、李瓶儿、春梅，还有帮西门庆跑腿办事的应伯爵、自来创、常时节、吴典恩、谢希大以及西门庆的女婿陈经济、佣人、琴童等相当多的人都会下围棋。

至于凌蒙初所著的《二刻拍案惊奇》里，"小道人一着饶天下，女棋童两局注终身"的故事，更是直接以围棋为故事产生、发展、结局的主要线索。故事发生的主要场所竟然不是当时南宋的都城临安（今杭州），而是当时辽国的国都——燕山（现在北京一带）。故事里的另一主角妙观还是个女流之辈，不但自己钻研围棋，还开设了棋馆，招揽学生，教授围棋，和现在的许多专业棋士从事着同样的工作，可以算是中国最早的围棋学校了。在作者眼里，当时的燕京属于异族占领的域外地区，经济文化的发达和江南无法相提并论，但是市井中也有了许多围棋爱好者，居然促成了小道士和女郎的围棋比赛。

《红楼梦》《聊斋志异》《儒林外史》等古典名著中也都涉及围棋。《红楼梦》120回里，描写和提到围棋的地方有16次。书中多次一笔带过地提到贾政的业余爱好主要是围棋。如第71回讲到贾政从京城复命回来后，"一应大小事物，一概亦付之度外，只是看书，闷了便与清客们下棋、吃酒。"读书是中国古代士大夫的看家本领，什么时候都不能荒废，然后的业余爱好就是下围棋了。贾政如此，大观园里的贾宝玉、林黛玉、贾迎春、贾探春、贾惜春、妙玉、薛宝钗、薛宝琴、香菱及冯紫英等许多角色也都是会下围棋的人。书中还借围棋中的"角"一语双关，刻画了林黛玉和薛宝钗斗心眼的一幕，会下围棋的人看到这处，不免发出会心的一笑，感叹作者借围棋写人的神来之笔。贾府里有个名叫"司棋"的丫鬟，从她的名字中，也可以看出围棋作为当时的一种时尚在官宦人家流行。

《红楼梦》第九十二回里关于贾政和他的门客詹光下围棋的描写多达400字，这段描写里涉及围棋中的"让子""打劫""赌采""贴子"（不同于现代围棋的贴目，是古代围棋规则里的"还棋头"）等比较专业的围棋术语。《红楼梦》全书都力求通俗，但仍有相当程度的围棋知识从描写中表现出来。从这里可以反证出，《红楼梦》的作者曹雪芹认为许多读者是可以看懂的，反映出了围棋在当时的普及情况——读书人大都对围棋有一定了解。

明清文学作品里关于围棋的描写还有许多有意思的情节，此处不再一一列举。总之，围棋是智慧和文雅的象征，一直被各朝各代的人们喜爱着，随着社会生产力的提高，这种需要花费一定时间和财力才能学习到的围棋知识被越来越多的人们所掌握，围棋也因此得到了普及。

# 第三章 书——笔墨纵横气象新

能将写字演变为一门艺术的,除了中国的汉字,恐怕再也找不到第二种文字了。中国的书法艺术有"无言的诗,无形的舞,无图的画,无声的乐"的美誉。中国的文字历经了千年的沧桑,是世界上存留时间最长的文字。中国的每个文字都饱含着形象美和线条美。文字本身就是一件艺术品,受到书法大家们的钟爱。

## 横空出世的汉字

提到中国绵延几千年的书法艺术,总得从汉字的产生说起。文字是记录语言的符号,是交流思想的工具。文字的产生是社会进入文明时期的重要标志。

关于汉字的产生有很多传说,仓颉造字说、八卦说、结绳记事说、契刻记事等等。《周易·系辞下》说:"古者包牺氏之王天下也,仰则观象于天,俯则观法于地，观鸟兽之文与地之宜，近取诸身，远取诸物，于是始作八卦，以通神明之德，以类万物之情。"又说："上古结绳而治，后世圣人易之以书契。"郑玄注："结绳为约。事大，大结其绳；事小，小结其绳。"在战国中晚期曾流行"仓颉造字说"。《荀子·解蔽篇》说："好书者众矣，而仓颉独传者，一也。"《韩非子·五蠹》："仓颉之作书也，自环者谓之私，背私者谓之公。""（仓颉）龙颜侈哆，四目灵光，实有睿德，生而能书。于是穷天地之变，仰观奎星圆曲之势，俯察龟文鸟羽山川，指掌而创文字，天为雨粟，鬼为夜哭，龙乃潜藏。"

关于文字的传说虽然很多，但是文字的产生绝不会一蹴而就。文字是语言的表象，它的产生应该源于人类社会群际间思想交流的需要而逐渐成为约定俗成的符号体系，而不可能由一人一时所创造。其实，文字的产生是自然而然的，在原始社会，人们的交流只是靠

单调的几个声音，连语言都称不上，但是随着社会的发展，人们渐渐丰富了自己的"声音"，产生了语言。但是有些东西光靠声音是不能准确表达的，而且不便于记忆，于是渐渐有了早期的符号和图画等文字的前身。

根据现有的资料，中国最早的文字是甲骨文。甲骨文是夏商时期的文字，为了记载史实，把长篇文字用刀刻在甲骨上，保存下来。许多文字被刻在一片甲骨上，大大小小，错落有致，人们不仅能看出并理解文字表达的意思，也能看出文字的排列组合之美，此即为书法艺术的萌芽阶段。

## 甲骨文和金文

书法艺术是将书写列入审美范畴。文字不仅具有实用性，更具有艺术美感。殷商的甲骨文，是目前可以见到的最早的成熟书法。清光绪二十五年（公元1899年）王璐荣在一种被称为"龙骨"（骨化石）的中药材上面，偶然发现一些刻画符号。而上面的刻画符号，后来经考古学家和古文字学家考证，就是甲骨文。它最初出土于河南安阳市郊的小屯村（殷墟），是距今约三千四百年的商代遗物。刻写甲骨文所使用的工具主要是笔和刀，先写后刻或刻后添朱，从书法角度欣赏，已基本具备了章法、结体、用笔等主要构成因素。

高明在《古文字讲义》中说："由于当时刻写卜辞的人数不多，同一时期之内彼此差别不大，而不同时期的书法却有不同的特点。一般来讲，一期字体雄健宏伟，二期字体拘谨整齐，三期字体颓靡柔弱，四期字体刚劲简陋，五期字体纤细严整。……如果能掌握不同时期的书法特点，对辨识卜辞时代最有用处，因为卜辞残片很多，只要他保存只字残语，皆可用书法判断时代。"这点道破了各期甲骨书法的气韵风格。如现藏于历史博物馆的一块商武丁时期（公元前13—前12世纪）的牛脚骨，上面刻字多达128个，记述丁酉日商边之事，刀法灵秀，变幻莫测，奇趣丛生。甲骨文的章法或整齐或错落，结体或规则或随意，线条或纤弱或刚劲，这除了所使用的工具和材料的客观限定之外，不能否认其主观审美趣味和"书法意识"。

殷商除甲骨文之外尚有一些铸刻在青铜器上的文字——金文。金文统领了西周一代。西周出现了大量铸刻在钟鼎彝器上的铭文。这些铭文为西周主要的书体存在形式与书法表现形式。金文，旧称"钟鼎文"，又称"籀文""大篆"等。

金文在殷商晚期业已成形。其后，西周早期的《令鼎》《何尊》《大盂鼎》等铭文，已风格渐分，甲骨文的尖刻感基本消失。西周中期，金文逐渐进入成熟阶段，如昭王时期的《宗周钟》铭文、共王时期的《墙盘》铭文、孝王时期的《大克鼎》铭文，以及夷王时期的《虢季子白盘》等铭文，点画写法、单字结构、章法布局已有严格的规律可循。

西周晚期，金文书法已发展成熟。特别是宣王时期的《毛公鼎》，抵其金文巅峰，古奥浑朴，凝重大度，肥瘦自若，容与徘徊；还有幽王时期的《外叔鼎》铭文，虽六字而气象万千，风采奕奕。

至春秋战国时期，在西周金文的基础上，诸侯国各自独创具有自己地方色彩的书法。无论石刻、金文、墨迹都呈现出百花齐放、流派纷呈的艺术特点。如《越王勾践剑铭》《蔡侯落》《曾侯乙编钟》字体修长，颇具装饰和夸张意趣。《允儿钟》《子璋钟》字体柔婉流动，结构疏密夸张，体势纵长。《楚王鼎》《楚公钟》参差错落，结体狂怪。《秦公钟》字近石鼓，笔道细近。

这一时期，秦国的石鼓文，又称"陈仓十碣""猎碣""雍邑刻石"，是目前所见的最早的石刻书法，其书体介乎于古籀与秦篆之间，结体方整而宛通，风格浑穆而圆活，是由大篆到小篆的转型

期代表作,可谓中国书法史上划时代的优秀书法作品。石鼓文于唐朝初年在陕西出土,因出土早,所以对后世影响极大。唐代书论家张怀瓘的《书断》赞曰:"体象卓然,殊今异古。落落珠玉,飘飘缨组。仓颉之嗣,小篆之祖。以名称书,遗迹石鼓。"清代书论家康有为称石鼓文"如金钿落地,芝草团云,不烦整裁,自有奇采"。韩愈、苏东坡也都各作《石鼓歌》赞之。

石鼓文朴茂自然,雄强浑厚。结字促长引短,务取其称。用笔圆润挺劲,圆中见方。章法疏朗清爽,开阔均衡。曾有人称之为"书家第一法则"。在春秋战国书法作品中,还有一些秦陶文,这些秦陶文大多是将印戳按在陶器泥坯上烧制出的。它具有书法与印章的两重性。这些秦陶文隶篆混用,古朴奇崛,不拘一格,为民间书家所创。此间的陶文、简文与官方书体的大篆,文字异形,书样繁多。东汉许慎的《说文解字》认为,文字异形自春秋战国诸侯力政,分为七国时始。

从文字的发展看,文字异形自古而然,殷商甲骨文中就不乏其例。从书法艺术多样化角度讲，春秋战国时期各具特色的书体和一字多形的现象给书法艺术的广阔海洋提供、累蓄了可咨可鉴的丰富资料。

## 书写的官方化

公元前221年，秦灭六国，统一了全国，建立了中国历史上第一个统一的封建王朝。秦朝建立之后在全国范围内实行了一系列的措施，其中的一项便是"书同文"。由秦朝宰相李斯、中车府令赵高等在西周以来秦系文字的基础上加以整理，对文字进行了简化和规范，统一了作为全国通行的官方文字——小篆（相对于先秦的大篆而言）。

李斯是战国时期楚国人，从师于荀子，接受的是法家思想。战国末期，秦国经过商鞅变法，逐渐强大，李斯看到秦国的强大，认为秦国必将是未来的霸主，于是他来到秦国，寻找施展自己才华的机会。当他到秦国的时候，正好是秦国换代的时候，秦王嬴政的时

代开始了。当时的宰相吕不韦深得秦王器重,于是李斯就设法靠近他,最后终于得偿所愿,成为吕不韦的门客。李斯凭借自己的才能很快得到了吕不韦的重视,并且很快得到了封赏,成为郎官。有了官职的李斯上书秦王,建议他趁现在秦国强大,其他六国战乱之时,一举兼并六国。秦王分析了当时的情况后,接受了李斯的建议。李斯也得到了秦王的器重,被封为客卿。但是后来因为秦国出现了郑国的间谍,秦王下令驱逐别国人才,李斯也在驱逐之列,但是他没有放弃,而是上书秦王,说明驱逐的弊大于利。因为这个事件,流传下来了李斯的杰作《谏逐客书》,李斯说服了秦王,得到了秦王的信任。

秦国统一六国后,李斯提出"统一文字"的建议,秦始皇嬴政就将这件事交给李斯、赵高、胡毋敬去做。李斯根据秦国历来的文字,经过加工改造,创造了小篆,被称为"小篆之祖"。

小篆比起前朝文字,在线条、结构、字形等方面都前进了一大步,秦代的刻石和瓦当上,都能看到这种字体,成了秦代普遍通行的书体。小篆书写线条圆匀,结构统一定型,这无疑是中国汉字发展的一大进步。现代学者郭沫若在《古代文字之辩证的发展》中谈到秦始皇统一文字时说:"秦始皇书同文字,是废除了大量区域性的异体字,使文字更进一步整齐简易化了。这是在文化上的一大功绩。"

## 程邈创隶书

秦朝将文字统一为小篆,从此我国有了统一的文字,更加有利于文化的传播和传承,这是中国汉字演变史上浓墨重彩的一笔。汉字演变的又一伟大发展,就是隶书的出现。秦代不仅统一官书为小篆,而且也统一了隶书。书史所称的"秦隶"(相对于汉隶而言)是战国、秦至西汉初期的隶书的统称,又叫古隶。古隶的起源,说法颇多，得到大部分人认同的说法是"程邈创隶书说"。

程邈是秦朝的史官，酷爱研究文字。后来，性格正直的程邈因议论了秦始皇"焚书坑儒"的政策，被人举报，关进了大牢。程邈清楚秦始皇的暴行，认为自己绝没有重见天日的那天了。但是他一生的心愿还未完成，他在做差役的时候就觉得小篆的结构复杂，书写极不方便，一直想改造小篆。于是他在牢狱中潜心研究文字。他将小篆删繁就简，变圆为方，创造出三千多个新的隶书字。在狱中完成之后，他将成果上呈给秦始皇，秦始皇很是欣赏他的文字，不仅释放了他，而且还封他为"御史"。由于程邈的官职很小，属于"隶"，所以人们就把他编纂整理的文字叫作"隶书"。

虽然程邈创隶书一事有传闻和史书记载，但是创造一种文字并不是一人一时所作，程邈可能对隶书的产生做出了比较多的贡献，比如整理、研究等工作。

## 汉隶的兴盛

汉代是汉字书法发展史上的关键时期。两汉期间，书法由籀篆变隶分，由隶分变为章草、真书（楷书）、行书，至汉末，我国汉字书体已基本齐备。因此，两汉是书法史上继往开来，由不断变革而趋于定型的关键时期。隶书是汉代普遍使用的书体。

汉代的书法艺术主要体现在碑碣和简牍上。自东汉以来，碑碣云起。《礼器碑》《乙瑛碑》《史晨碑》被清人推崇为汉碑"三杰"，均与祭孔有关，现都存于孔庙碑林中。

《礼器碑》字体工整方纵，大小匀称，左规右矩，法度森严，用笔瘦劲刚健，轻重富于变化，捺脚特别粗壮，尖挑出锋十分清晰，是汉隶中典型的厚重风格，燕尾极为精彩。书势气韵沉静肃穆，典雅秀丽。清代大书法家翁方纲夸其为"汉隶中第一"。

《史晨碑》碑体两面刻字，书法工整，造型丰美多姿，波挑神采飞逸，章法疏密匀适，结构严谨而气韵灵动，蕴藉跌宕，笔法笔意二者俱全。

《乙瑛碑》工整匀适，组织严密。笔法极有法度，粗细统一，间架结构皆十分注意。全幅秀逸清丽，尤其燕尾的姿态非常优美，是汉隶趋于规范成熟时期的代表作之一，翁方纲称其"骨肉匀适，情文流畅"。何绍基以为："朴翔捷出，开后来隽丽一门，然肃穆之气自在。"

除此"三杰"之外，汉代还有许多碑文流传于世。碑碣文在汉代达到了一定高度，为魏晋时期的碑文奠定了基础。其中还有一些专门祭祀神灵的碑文，祭祀神灵的碑刻以"元氏五碑"最为著名。这些东汉碑刻，艺术性之高、风格个性之成熟，且以群体呈现，是前所未有的。

汉代碑文成就不凡，简牍也不甘示弱，近年来出土的汉代简牍达10万枚。从出土的简牍看，北方主要是木牍，南方主要是竹牍，这明显和南北方的植被有关。

简牍书写内容比较纷杂，时空差异和文字内容差异均对其纷杂的书法体格有着很大的影响。从总体上说，汉代简牍呈现出这样的规律：大多出自社会下层者之手，又因日常功用而写，非为艺术而书，是一种本色的呈现，新鲜活泼，生气勃勃。也有不少简牍书显得很有艺术天分，美感强烈，胜似艺术创作，与著名的汉碑书刻相比，毫不逊色，甚至可以把艺术流派纷呈的汉碑刻和这些简牍书对应起来。

从出土的文物来看，汉代的简牍虽然有些粗陋，但是也有其自身的美，而且出现了草书、真书、行书等书法艺术的发展趋势。居延汉简是发现于我国西北居延等地区的汉简的总称，数量最多，大多是西汉简，也有不少东汉简，有隶书和草书。隶书体貌相当斑杂，或粗陋草率，或笔精体密，精美者可谓八分书，与东汉碑刻书的艺术气息一脉相通。

敦煌汉简发现得比较早，且多而杂，书风也各有不同。有的书秀丽而阔绰，圆劲的笔姿极有弹力，可见当时毛笔的质量和书写者提腕运笔的能力均非一般。有的为典型的八分书，可与任何一块东汉隶书碑刻相比肩而毫不逊色。

说到东汉时期的书法，不得不提到蔡邕。蔡邕不仅是东汉的大书法家，而且是汉代书法理论的集大成者。由蔡邕独创的"飞白书"（草篆），至今仍被书法家们所使用。

蔡邕除了书法出众，还是东汉著名的文学家、经学家。他爱好辞章、数术、天文，精通音律。在洛阳俨然是文坛领袖，后人称他"文同三闾，孝齐参、骞"。在文学方面，把他比作屈原；在孝德方面，把他比作曾参和闵子骞。曹操也经常出入蔡府，向蔡邕请教。

不过，蔡邕不是一个闭门读书、写字的人，他经常出门旅行，捕捉灵感，丰富阅历，在平常生活中处处留心，很懂得在别人不经意的地方窥研到艺术的门径。他自创的"飞白体"就是从工匠刷墙的过程中获取灵感的。

当时，蔡邕把写好的文章送到皇家藏书的鸿都门学。等待接见的时候，有几个工匠正用扫帚蘸着石灰水在刷墙。蔡邕在旁观中看出点了门道儿。只见工匠一扫帚下去，墙上出现了一道白印。由于扫帚比较稀，墙面又不太光滑，所以一扫帚下去，白道里仍有些地方露出墙皮。蔡邕一看，眼前一亮。他想，以往写字用笔蘸足了墨汁，一笔下去，笔道全是黑的。要是像工匠刷墙一样，让黑笔道里露出些帛或纸的底色来，那不是更加生动自然吗？想到这儿，他一下来了情绪，交上文章，马上回家。回到家里，他顾不上休息，想着工匠刷墙时的情景，提笔就写。谁知想着容易，做起来就难了，一开始不是露不出纸来，就是露出来的部分太生硬，但是他一点儿也不气馁，进行了无数次尝试。终于，蔡邕在蘸墨多少、用力大小和行笔速度各方面，掌握好了分寸，写出了黑色中隐隐露白的笔道，使字变得飘逸飞动，别有风味。

这种书体，笔画中丝丝露白，似用枯笔写成，是一种独特的书体。蔡邕久负盛名，但其真迹罕见。传世书论有《篆势》《九势》等，尤其是《笔论》和《九势》，在中国书论史上占有重要地位。其《笔论》开篇就提出"书者，散也"的著名论断，论述了书法抒发情怀的艺术本质，以及书家创作时应有的精神状态，随后则论及书法作品应取法、表现大自然中各种生动、美好的物象，强调书法艺术应讲求形象美，符合客观事物的规律和表现人的心理状态。

## 魏晋的风流书法名人——钟繇

书法艺术经过汉代的发展，汉隶的方块字体已经基本定型。到魏晋时期，书法艺术得到了更大的发展。可以说，魏晋时期是书法演变中承上启下的重要发展阶段。这一时期出现了汉代末期出现的真、行、草诸体，它们得到了完善并且定型。而且，这一时期书法艺术不断提升，成就了书法史上的一大变革。

魏晋是我国书法艺术群星璀璨的辉煌时代，当时崇尚书法的风气非常盛行，帝王、士大夫皆以善书为荣，出现了书法史上一批顶级的书法家：钟繇、王羲之、王献之等。他们为后世留下了大量的书苑瑰宝。

魏晋书风被书道行家视为极高境界，能否有魏晋风骨成了衡量书法家的一种很高的审美标准。当时，书风横放杰出，或飘逸或雄浑，犹如八仙过海，各显神通，其点画之间，俱见作者性情风采。实际上，魏晋书风主要是指钟繇和王羲之的书风，因为他们都是当时最有代表性的著名书法家。

钟繇生活在汉桓帝至曹魏明帝期间。他在推动楷书、行书和草书独立成熟的历史进程中，取得了最突出的成就，成为后人学习的楷模。

相传，钟繇在少年时代曾经到深山里向高人学习书法3年，书艺大有长进。后来，他听说同代书家韦诞拥有前代名家蔡邕的笔法秘籍，于是向韦诞请求拜读，韦诞不给他看，气得钟繇捶胸吐血而晕倒。韦诞死后，钟繇得到了秘籍。秘籍中称："多力丰筋者圣，无力无筋者病。"也就是说写字要有力度和筋骨。从此，钟繇的书艺有了长足长进。

但钟繇没有就此满足，他还是终日苦练：白天和别人聊天的时候在地上练习、比画（当时没有椅子，人们是席地而坐），到了晚上睡觉的时候就在被子上练习书法，被子都被他划破了好几条，上厕所的时候也不闲着，依然是专心练习，有时候竟忘了回去。可见，钟繇的书法艺术成就是与他的苦学精神不可分的。

钟繇勤奋苦学，博采众长，终于真、行、草、隶、篆皆精，尤其以真书（正楷）和行书凌越百代，成为一代宗师。他与东汉的草书大家张芝合称"钟张"，与晋朝的王羲之并称"钟王"。钟繇可谓是中国书法史上数一数二的大家。

"飞鸿戏海，舞鹤游天"意象中的古质茂密，是钟繇书法的特色。唐代一著名书法家这样评论钟繇的书法："钟繇善于书法，师从曹喜、蔡邕、刘德昇等多位名家，真书绝世，刚柔相济，一点一画，都非凡出奇，可以说是幽深无际，古雅之极。"点画奇巧，古雅幽深，这一方面与书法的发展阶段相适应，也与钟繇的性格和才华密不可分。钟繇的书法既具有时代特点，又有自己鲜明的个性，连王羲之都认为："翻遍各家名帖，钟繇和张芝美妙绝伦，其余都没什么保留价值。"由此可见，钟繇的书法水平之高。

## "书法第一人"王羲之

王羲之，东晋书法家，字逸少。原籍琅邪人（今属山东临沂），居会稽山阴（今浙江绍兴）。官至右军将军、会稽内史，人称"王右军"。他出身于两晋的名门望族。王羲之12岁时经父亲传授笔法，"语以大纲，即有所悟"。后师从当时著名的女书法家卫夫人学习书法。以后他渡江北游名山，博采众长，草书师法张芝，正书得力于钟繇。观摩学习"兼撮众法，备成一家"，达到了"贵

越群品,古今莫二"的高度。

王羲之的书法成就,除了归功于师傅技艺高超,还在于他的刻苦勤奋。王羲之作为名门之后,家学渊源对他的影响是潜移默化的。王羲之的父亲对书法也有所研究,他在父亲的影响下,7岁就开始练习书法。17岁时,他把父亲珍藏的书法论著偷出来自己练习。他每天坐在池子边练字,不管严寒酷暑、风霜雪雨,都不间断,不知道写完了多少墨水,不知道写秃了多少毛笔。他每天练完字就在池子里洗笔,日复一日,整个池子的水都被墨汁染成了黑色,据说这个池子至今还在。王羲之对书法艺术喜欢到了如痴如醉的程度,他走路的时候也不断地在身上练习笔法,久而久之,他的衣襟都被划破了。

与两汉、西晋相比,王羲之的书风最明显的特征是用笔细腻,结构多变。王羲之最大的成就在于增损古法,变汉魏质朴书风为笔法精致书体。草书浓纤折中,正书势巧形密,行书遒劲自然,总之,他把汉字书写从实用引入一种注重技法、讲究情趣的境界。实际上这是书法艺术的觉醒,标志着书法家不仅发现了书法美,而且能表现书法美。

王羲之的楷书如《乐毅论》《黄庭经》《东方朔画像赞》等"在南朝即脍炙人口",曾留下形形色色的传说,有的甚至成为绘画的题材。例如关于《黄庭经》就有一段有趣的传说:山阴有一道士,想要得到王羲之的书法,但王羲之从不将自己的书法随便给人,这道士不知在哪儿访得王羲之爱鹅成癖,所以特地准备了一笼又肥又大的白鹅,作为写经的报酬。王羲之见鹅,欣然为道士写了半天的经文,然后高兴地"笼鹅而归"。因此,《黄庭经》又俗称《换鹅帖》。

王羲之一生创作了数以千计的书法作品,由于朝代更迭,战乱频仍,现在只有少数从真迹上摹拓下来的摹拓本和以真迹为蓝本的刻本流传下来。比较可信的楷书有《黄庭经》《乐毅论》《东方朔画像赞》,行书有《快雪时晴帖》《姨母帖》《奉橘帖》《丧乱帖》

《孔侍中帖》《得示帖》和《兰亭序》以及《十七帖》。据《书断》记载，王羲之"草隶、八分、飞白、章行，备精诸体，自成一法"。但其平生创作最多的是行书，最擅长的是行书，流传最广的也是行书。

王羲之行书亦称"王体行书"，雄逸道劲，不激不厉，是力度和风韵的完美结合，动势与静态的高度统一，无论在结体、用笔还是在章法上，风格特征都十分鲜明。他的行书多具有字体多变、千姿百态、长短得体、大小和谐、结构错落有致、虚实相生的特点。此外，王羲之的书法还创作了"省笔""合笔""代笔"等写法，不仅简化了汉字的笔画，而且独出心裁，增加了书法的形式美。

王体行书还常常借用草书和楷书的结构法，行草书相互掺杂，如《快雪时晴帖》。这个帖子既有"时、力、山"等一笔不苟的楷书，也有"顿、首"等龙飞凤舞的草书。行书中用草，可以增添其动势；行书中用楷，可以加强其静感。静中寓动，动中有静，才能产生异乎寻常的感染力。

王羲之在继承前人的高超技艺的同时，对书法进行了改进，形成了自己的风格。王羲之的楷、行、草、隶、八分、飞白、章草俱入神妙之境，他成为后世崇拜的名家和学习的楷模，被称为"书圣"。

王羲之在世之时，其书法就"声华四宇，价倾五都"。据说，当时就有人把王羲之的书法作品看得比自己的生命还宝贵。从古书的一些记述可知，王羲之的书法当时不仅小儿竞相学习，连朝廷命官也极力模仿，其乱真的程度连王羲之本人都一时辨别不出。更为典型的是，由于上至皇帝、下至百姓都以王羲之的书法为珍贵之品，致使当时就有人模仿他的书法去赚钱，其影响之广泛由此可见一斑了。

在王羲之的作品中，《兰亭序》被公认为书法中的神品。黄庭坚在《山谷题跋》中说："《兰亭序》，王右军平生得意书也。反复观之，略无一字一笔不可人意。摹写或失之肥瘦，亦自成妍，要各存之，以心会其妙处耳。"

《兰亭序》是王羲之与友人宴集会稽山阴兰亭，修祓禊之礼时所书。时值暮春之初，在崇山峻岭、茂林修竹之间，曲水如碧，林翠山幽，众友人推杯换盏，言笑晏晏，可谓良辰、美景、赏心、乐事"四美"俱全了。于是，诗人们仰观俯察，游目骋怀，感到人生与自然相契之乐。在这"清流激湍，映带左右"的情景之中，王羲之微醉命笔，畅叙幽情，写下了这清逸秀丽、一片生机的《兰亭序》。

魏晋的玄学使晋人得到空前绝后的精神解放，晋人的书法是这种自由的精神人格最得体、最适当的艺术表现。这种抽象的音乐似的艺术才能表达出晋人的空灵的玄学精神和个性主义的自我价值。

《兰亭序》体现了晋人精神解放的自由之美，在那英气绝伦的氛围中，可以使人窥见魏晋风度中所包含的宇宙人生之境，体会那宇宙般的深情和王羲之人生态度中那"放浪形骸"的人格美。而从骨力寓于姿媚之内、意匠蕴含于自然之势、内撅的笔势、遒丽爽健的线条和圆融冲和的气韵中，可以窥见书家独特的艺术个性。澄怀观道，心意遣笔，线条如行云流水而"以形媚道"，神情散朗如清风朗月，乐中含悲悟生命玄理，可谓境与神会，真气扑人。

此外，王羲之的《快雪时晴帖》，字体流丽秀美。元赵孟頫曾称此帖为"天下第一法书"。《石渠宝笈》收晋人三帖，号称"三希"，此帖列于首位。其为人所重视，由此可见，而《丧乱帖》笔法精妙，结体多敧侧取姿，有奇宕潇洒之致，是王羲之所创造的最新体势的典型作品。《十七帖》则是王羲之草书代表作，内容是他所写的尺牍。因卷有"十七"字故名。《十七帖》墨迹已佚，仅有摹刻本传世。《十七帖》草书，前人评其为"笔法古质浑然，有篆籀遗意"。也有人认为帖中字带有波挑的笔势，字字独立不相连属。这正表明他善于"兼撮众法，备成一家"，所以才能形成他独具风范的草书体势。

## 智永和尚的佛理书法

晋朝"八王之乱",王室内讧以后,势力逐渐衰微。在北方,随着西晋的灭亡,形成了"五胡十六国"的混乱时期。后拓跋氏结束十六国,建立北魏,促成了百余年的相对统一。

此时书法也继承东晋的风气,上至帝王,下至士庶,都非常喜好。南北朝书法家寥若晨星,无名书家为其主流。他们继承了前代书法的优良传统,创造了无愧于前人的优秀作品,也为形成唐代书法百花竞妍、群星争辉的鼎盛局面创造了必要的条件。智永就是其中成就突出的一位。

智永,名法极,王羲之第7代孙,山阴(今浙江绍兴)人,永欣寺僧人,人称"永禅师""永师""永僧"。梁武帝萧衍倡佛,智永的父兄为避灾祸便让智永、孝宾叔侄二人出家事佛。后来,智永成为佛门高僧和书法高手。其弟子中著名的书法者有智果、释述、释持、辨才、虞世南等人。

据宋《宣和书谱》说:智永励志书法,他住在一幢小楼中,发誓"书不成,不下此楼"。他用废的笔,埋起来像冢一样。后人讲的"退笔成冢"的典故就是从这儿来的。功夫不负有心人,明董其昌在《画禅室随笔》中说他学钟繇的《宣示表》,"每用笔必曲折其笔,宛转回向,沉着收束,所谓当其下笔欲透纸背者",也就是后人所说的"力透纸背"。

智永的技艺大有进展,一时名震天下。许多人慕名希望能够得到他的真迹。向他求书的信帖堆满了案几,先后积压,落满了灰尘。而且登门拜访的客人太多,以至于房子的门槛都被踏破了,后来只好修上铁门槛,被称为"铁门限"。

智永的书迹存世绝少,流传至今且著名者仅《真草千字文》。《千字文》相传是梁武帝因酷爱王羲之的书法,命人将羲之书法中各不相同的字拓出1000个,一字一纸,让人编成四字韵语。因便于记诵,后来成为学童的启蒙读物。智永习书数十年，最爱临写《千字文》，他历年所写累积有800多本，让人临习，当时即广为传播。现代书法家祝嘉《书学论集》认为，智永的《草书千字文》是"草法最为正确"的范本，初学草书宜从此入门。

智永写字用笔精巧。草书用笔无论入笔还是收笔，许多地方均极精巧，多以露锋入纸，又时以尖锋出纸，显得轻灵秀媚。这是取法王羲之的《兰亭序》《丧乱帖》、《初月帖》等名帖。入笔为露锋，但不浮不滑，源出《丧乱帖》之露锋入笔法。中锋圆转，写草书取圆笔，以其易于落笔使转，可得笔墨淋漓、情驰神怡之趣。

智永草书谨依中锋行笔之法则，多用圆转。转笔多无圭角，遒劲苍润，圆转灵动，了无挂碍。其书法上下贯注，一气呵成，均能以中锋圆转行笔，内寓骨劲，随提随按，且转且折，轻重缓急，无不如意，令人叹为神妙。

草书妙在随势生形，其点画间的牵丝映带，令血脉流贯。智永草书能删繁就简，笔省意存，形神并连。草书要"流而畅"就必须简化笔画，而这种简化却必须约定俗成，合乎规范。《千字文》中的省笔画都符合草书笔画的简化法则。如"等""纸""劳"等字均与王羲之草法相同。《千字文》又非常注重结字的虚实疏密、揖让顾盼、平正攲侧的丰富变化。刘熙载《书概》中云："结字疏密须彼此互相乘除，故疏处不嫌疏，密处不嫌密。"草书尤忌笔画之平匀。

智永和尚的书法能达到炉火纯青的程度与他追求的"平和""恬淡"的佛理是分不开的。古代在僧侣间出现了很多著名的书法家，想必也是因为书法和佛理有相通的地方。

## "初唐四大家"

隋朝灭亡后的唐初20年，中国历史上出现了"贞观之治"的盛世，到唐玄宗时的"开元盛世"更是呈现出超越两汉的空前兴盛气象。唐朝的兴盛表现在各个方面，政治开明，经济发达，军事强大，对外交流频繁，尤其是文化博大精深，辉煌灿烂，达到了中国封建文化的最高峰。书法作为一种艺术形式，在唐朝得到了极大的重视，可谓是"书至初唐而极盛"。

唐代流传至今的墨宝明显比前代多，而且大量碑版留下了宝贵的书法作品。整个唐代书法对前代既有继承又有发展。初唐最著名的书法家有欧阳询、褚遂良、薛稷、虞世南，他们四位被称为"初唐四大家"。其中，位于首位的是欧阳询，也数欧阳询的成就最高。

欧阳询是中国书法艺术史上一位以楷书鸣世的书法大家。书论、书史上习称的"颜（真卿）柳（公权）欧（欧阳询）苏（东坡）"，若按时代先后，实为欧阳询居首。其书艺生涯的鼎盛时期正是唐代初期。唐代是中国封建社会的高峰，文化艺术也辉煌灿烂，光照百代，其制度与文化上的一大特点是法度完备，典则严明而又万象峥嵘，深精博大。这一特点表现于书法，其最引人注目的标志就是楷书地位的确立巩固和楷书艺术的尽善尽美。而这首功当归于欧阳询。

欧阳询天资聪颖，又十分用功，不几年便精通经史，并练得一手好字。他的字既融合了魏晋的精华而又独创风格。据说，他在幼年的时候，尤其喜欢学习王羲之的字体。他对书法爱好成癖，自幼至老，从不厌倦。他不仅学习"二王"（王羲之、王献之），对其他专家的书体也是兼收并蓄，择其优者效之。他在年近70岁时，有一次骑马经过索靖写的一份碑书，看了一看，越看越觉得笔体奇异，越舍不得离开，疲倦了就坐在地上看，竟一连看了3天。正是因为欧阳询的书法集百家之长而自成一派，故欧书在当时已是驰名国内外，许多国外爱墨者纷纷以重金求之。

欧阳询由陈、隋入唐，并深得唐太宗李世民的赏识和重用，历任弘文馆学士、渤海县男，官至太子率更令，故世人常称之为"率更""欧阳率更"。他博通经史，著有《艺文类聚》100卷。书法各体俱精，而以楷书为最工。初学"二王"，后兼得秦篆、汉隶、魏碑之法，自成一家。笔力险劲，体势凛肃，意志精密俊逸，而又法度森严，世称"欧体"，对后世影响深远。

《九成宫醴泉铭》是欧阳询传世作品中，碑刻最著名、流传最广远的一种，简称《九成宫》或《醴泉铭》。

九成宫在今陕西麟游县天台山，原为隋文帝杨坚的避暑行宫，依山而建，豪华壮观。隋亡后，唐太宗下令复修，并因山有九重，而改名"九成宫"。其宏大壮丽为唐代离宫之首，唯一的缺憾是宫内缺水。

贞观二年（公元628年），唐太宗在宫中"西城之阴，高阁之下"见一块地方颇为潮湿，就命人在此挖掘，竟得一眼甘泉，因"其清如镜，味甘如醴"，遂名为"醴泉"，并命时任秘书监的魏征撰文纪事，命欧阳询书写立碑。

到唐高宗时，天台山山洪暴发，九成宫被毁坏，此后再未修复，现仅有遗址残迹。但《九成宫》碑尚完好保存。碑体为黑石，石质细腻坚润，弥足珍贵，是欧阳询76岁时的得意之作。结体庄正，法度森严，于清虚疏朗中见劲拔险峻，堪称人书俱老，炉火纯青，千余年来被奉为楷法之极致，后世习书者，十之六七是从学习《九成宫》开始的。

由于从立碑伊始就频繁被捶拓，唐末时碑体已经出现断裂之处，宋朝时更是因磨损严重而失真。到清初时，拓本中的笔画已细如铁线。现存最精美的拓本，是明代驸马都尉李棋的传本，点画丰满，锋颖如新，当属唐拓本。

另一件欧阳询的传世名作是《化度寺故僧邕禅师舍利塔铭》简称《化度寺碑》，李百药撰文，唐太宗贞观五年（公元631年）立。据明解缙《春雨杂述》称，此碑曾流落至终南山，北宋庆历初年开府公范雍奉使赴长安，路经终南山一佛寺，见阶台之下弃一碑，竟是欧书《化度寺碑》，惊喜异常，叹为至宝。后来，碑石被寺僧敲断，弃于寺后。范雍出高价购得断碑，安置在自己府内的"赐书阁"。"靖康之乱"中，范雍又将其藏于井内。遗憾的是，"靖康之乱"后，有人把断碑从井中取出，后将碑石砸碎，堪称圣手天工的《化度寺碑》就此消失。

此碑与《九成宫》同为欧阳询晚年力作，历代评者中多有人认为它书法精绝，更胜《九成宫》。其字形比《九成宫》稍扁，笔法较腴润，间距略密。书论云"密为老气"，故此碑虽早于《九成宫》一年立，却更有人书俱老的意态。它除了具备《九成宫》的风格外，还有一种浑穆高简的气象，加以原石无存，因此更得一些书家的偏爱。

唐代最负盛名的书法家除颜、柳、欧外，当时还有很多书法家自有特色。例如位列"初唐四家"中的虞世南就以其高尚的德行、精湛的书艺为世人所称道。

虞世南一生历经三朝，初仕陈，至隋任秘书郎。入唐后，由太宗引为秦王府参军，后官至秘书监（唐代宫中掌管机要文书的官员），封永兴县子，故世称"虞永兴"。谥号文懿，赠礼部尚书。

虞世南幼年学书于王羲之七世孙、著名书法家僧智永，受其亲传，妙得"二王"及智永笔法。他的书法，笔势圆融遒劲，外柔而内刚。论者以为如裙带飘扬，而束身矩步，有冠剑不可犯之色。其用笔精粹，典丽，以北方书体之结构特点而著称于书史，世称"虞体"。该体刚柔并济，方圆互用，立唐楷法式，堪称唐楷风范，《述书赋》赞叹其"永兴超出，下笔如神，不落疏慢，无惭世珍"。

在楷书方面，虞世南则直接继承了"二王"小楷书的风格，并开创出更为接近晋人楷书的"唐楷"，使虞体楷书成为唐人时代风格的代表作。纵观虞体楷书，有如玉树临风，纤尘不染，点画结字，无丝毫火躁之气。虞氏之楷书，精神内守，以韵取胜，初看似温和有余，再视则筋骨内含。这种笔意由外露走向内含，实为大楷书法艺术历程上的一大进步。在虞体楷书作品中，最能反映虞世南高超技艺的当推《夫子庙堂碑》及《破邪论序》。

《夫子庙堂碑》又名《孔子庙堂碑》，系虞世南69岁所作正书，历来被公认为天下碑帖之最"妙"，有"天下第一楷书"之美称。此碑用笔俊朗圆腴，外柔内刚，字形狭长而显秀丽，横平竖直，笔势舒展，一派平和气象。然端视之，其中每一波法，无不一波三折，一纵一横，无一平铺而直过，实际上每一点画无不精思俯会，如见其血脉之流动。

至于小楷《破邪论序》，更是雅秀文静，几夺天巧。该作品在体势上虽为魏晋体，却具妩媚秀丽之态。在用笔上，能吸收魏晋、六朝名帖之长；在结体上，每字之结构安排得既舒朗又紧凑；在布白上，有横行，亦有直行，虽有横行，却使人看不出有横行。字写得自然灵活，气势亦颇为流畅，不愧为虞体楷书佳作。

虞世南一生所传真迹不多，但对后世的影响极深。六朝时期，书法杂乱无章，这不利于书法的健康发展。虞世南等一扫这种浮靡之风，力主推行法度，严整书界，这本身就是一大创新。而后虞世南等又顺应书法的发展规律，寻找不足，从楷书入手，建立法度，进一步完善了楷书艺术，这体现了虞世南的远见卓识。

## 张旭与怀素的草书

领衔初唐书法界的是"初唐四大家"，而中唐可谓是群星璀璨，其中就有被称为"草圣"的张旭，其成就为举世所公认。《唐书》有语："后人论书，欧虞褚陆，皆有异论，至旭无非短者。文宗时，诏以李白诗歌、裴旻剑舞、张旭草书为'三绝'。"

史载张旭初仕常熟县尉，后官至金吾长史，人称"张长史"。张旭年轻时曾游历京城和中原一带，晚年归乡。他平生嗜酒成癖，每次大醉时都呼叫狂走，故世人又称之为"张颠"。张旭曾与贺知章、李白等交往甚善，还是酒友，几人都在"八仙"之列。

张旭为人倜傥豁达，卓尔不群，与其为伍者均为一代豪杰。李白曾有诗赞道："楚人尽道张某奇，心藏风云世莫知。三吴郡伯皆顾盼，四海雄侠争相随。"除结友外，张旭专心致志于书法，官爵不能移，贫贱不能屈，怡然自得，以终其身。

据记载，张旭的作品尤其是精彩之作，并不在纸上，而在墙上。然时过境迁，楼毁字亡。当时的规矩，只有楷书才能入碑，因而张旭的作品流传下来的极少。《草书古诗四帖》是张旭仅存的完整的原作墨迹。此帖用笔精妙绝伦，无纤巧浮滑之笔。它把篆书逆锋藏头的运笔方法融入草书，运笔自在，圆转洒脱，兼具刚健挺拔之气度。纵观作品布局，字行之间虽参差不齐，但又互相制约，顾盼有情，浑然一体，如天马行空，气势非凡。欣赏张旭的这件书法作品，有如在领略大自然的奇观：时而如暴风骤雨，瞬间万变；时而如雨珠夹雪，参差历落。

张旭的《肚痛帖》格调清新，线条流畅，自然洒脱，雍容庄严。与《草书古诗四帖》相比，此帖是在心力俱备的情况下完成的。该帖颇显张旭狂草之风格。黄庭坚说张旭草书偏肥，而怀素草书偏瘦。此言不假，张旭的草书肥劲精绝，略有点画而意态自足，纵横跌宕。他最精彩的作品莫过于《断千字文》一帖。此帖虽已无完本，然尽观残存的200余字，仍可见其章法之奇，笔法之真，意趣之深，可谓罕见之作。一切陈矩墨规在这里都已荡然无存，开卷就显现出不凡气势。线条千回百转，变化多端；字力遒劲，入木三分。该帖在今草原有的结构上，有时上下字的笔画紧密相连，笔意一脉相承，乍看如一字，有翩然飘举之势，有时一字又若切分为两字，看似松散而实质上风骨甚遒,旖旎有致。用笔之敏捷,如惊蛇出洞,飞鸟入林,无穷变化,皆从中出。杜甫有诗赞其"挥毫落纸如云烟"。

张旭书法总体上可以用一个"狂"字概括,它凭借书法的线条来体现,任情纵横,不拘成法,令个性灵趣得以升华。气势豪迈雄浑,体势连绵不断,笔意潇洒奔放,极尽变化之妙。见张旭之狂草,你不由地感到它就是天才和创造的表现,是力和美的完美结合。

张旭的"狂"和当时的社会风气不无关系。唐朝中期,土生土长的道教盛极一时,成为皇族之教。唐玄宗就曾说过,儒学而外,提倡道家。处于士大夫阶层的张旭自然也受此影响。张旭信道,他又是一位深藏的道家,微官薄禄,恬淡处世。

张旭的草书追求一种逍遥的道家境界,追求一种原始的质朴。不过,张旭并没有在寻"道"的过程中转向神,而是选择了书法,将其作为自己的追求。其书法作品包含了许多道教思想,如道家尊重万物自长自生,避免以人为法则,坚信任何事物都相生相成,追求一种永恒的和谐等。在沉酣书法之时,他有意无意地把道家思想融入书法之中。其狂草浑融如演太极,蓄神养气,意态连绵,神龙见首不见尾,内刚外柔,这就是"道家"的上乘功夫。

和张旭同一时期的怀素也是一位著名的草书大家。怀素出身贫寒,幼而事佛,念佛之余,颇好笔墨。后来又游历中州,拜师各地,增长了见识,书法大进,轰动京师。相传,他为练字种了1万多棵芭蕉,用蕉叶代纸,勤学精研,又用漆盘、漆板代纸,写至再三,盘板都穿,秃笔成冢,如此用功,终于以"狂草"出名。其"运笔迅速,如骤雨旋风,飞动圆转,随手万变,而法度具备"。前人评其狂草继承张旭但又有新的发展,谓"以狂继颠",并称"颠张醉素"。

怀素的草书师法"二张"(东汉张芝、中唐张旭),尤其是张旭。怀素的草书,豪放不羁。草书贵在无拘束,而怀素的草书,特别是狂草,是最不受拘束的。所谓"新书大字大如斗""有时一字两字长丈二""回环缭绕相勾连，千变万化在眼前"，都是这种豪放不羁的特点的形象化抒写。

从整体上来说，怀素的狂草多连笔连字，突破了过去的章草和"二王"草书不相勾连的格局，使草书更加丰富多彩，变化多姿。他的狂草大小、长短以及布局对比鲜明，突破了以往整齐、均匀、呆板的格局，使草书更加错落有致，富有浪漫主义情趣，而且笔画瘦硬。"书贵瘦硬方通神"，这是中唐书法的风尚。许瑶说怀素狂草"古瘦淋漓半无墨"，这正道出了怀素使笔用墨的特点。

怀素的草书可说是"字字飞动，宛若有神"。如诗所述："掷华山巨石以为点，掣衡山阵云以为画"或"飞丝历乱如回风""字成只畏盘龙去"。这些对怀素草书由点画竖折到笔间游丝以及活蹦乱跳的草字形象比喻，恰好说明了他草书的特点。

## 颜筋柳骨

在中国的书法史上，论书体在民间家喻户晓者，当属中晚唐的"颜柳"二体楷书。大概是因其规范性、民俗性，所以它千百年来成为人们学书启蒙的楷范。

颜真卿的书法初学褚遂良，后又得笔法于张旭，彻底摆脱了初唐的风范，创造了新的时代书风。颜真卿的书体被称为"颜体"，与柳公权并称"颜柳"，有"颜筋柳骨"之誉。

颜真卿的真书雄秀端庄，结字由初唐的瘦长变为方形，方中见圆，具有向心力。用笔浑厚强劲，善用中锋

笔法，饶有筋骨，亦有锋芒，一般横画略细，竖画、点、撇与捺略粗。这一书风，大气磅礴，多力筋骨，具有盛唐的气象。他的行书，遒劲有力，真情流露，结构沉着，点画飞扬，在王派之后使行草书开一生面。颜真卿的行书遒劲郁勃，这种风格也体现了大唐帝国繁盛的风度，并与他高尚的人格契合，是书法美与人格美完美结合的典例，故而被后世誉为"天下第二行书"。

欧阳修曾说："颜公书如忠臣烈士、道德君子，其端严尊重，人初见而畏之，然愈久而愈可爱也。其见宝于世者有必多，然虽多而不厌也。"朱长文赞其书："点如坠石，画如夏云，钩如屈金，戈如发弩，纵横有象，低昂有态，自羲、献以来，未有如公者也。"颜体书对后世书法艺术的发展产生了深远影响，唐以后很多名家，都从颜真卿变法成功中汲取经验。尤其是行草，苏轼曾云："诗至于杜子美，文至于韩退之，书至于颜鲁公，画至于吴道子，而古今之变，天下之能事毕矣。"

颜真卿的传世作品以碑刻最多，楷书有《多宝塔碑》《麻姑仙坛记》《东方朔画像碑》《颜勤礼碑》《颜家庙碑》等，行书有《争坐位帖》，书迹有《自书告身》《祭侄季明文稿》。其中，《颜勤礼碑》比较端庄遒劲，但笔画细瘦，和其他碑刻不大一样。《颜家庙碑》，书法筋力丰厚，是他晚年的得意作品之一，与其早年时期的作品相比更加浑厚大气，乃晚年之代表作。

柳公权是晚唐时期的书法家，他从小就喜欢书法，也对自己的书法很有信心。有一次，他和几个小伙伴举行"书会"，他的字被一个卖豆腐的老头看到了。老者皱着眉说："你的字写得一点儿都不好，就像是我的豆腐，软软的，不筋道。"柳公权很是不服气，让卖豆腐的写几个字看看。老者说："我只是一个卖豆腐的粗人，哪会写什么书法。"老者走之前告诉柳公权，京华城有一位用脚写字的无臂奇人，字写得特别好。

第二天，柳公权一大早就去找那位奇人。他到京华城的时候，正好看到一群看热闹的人，他凑近一看，人群中间那个人正是那位用脚写字的奇人。他当即跪下请求奇人收自己为徒，但是奇人以自己身残不能为人师表为由拒绝了他，只告诉了他20个字："写尽八缸水，砚染涝池黑。博取百家长，始得龙凤飞。"柳公权谨遵奇人的教诲，回去苦练字，手上磨起了厚厚的茧子，衣服补了一层又

111

一层。经过苦练，柳公权终于成为我国历史上著名的书法家。

这个关于柳公权的故事如今已经真假难辨，但是柳公权的书法成就绝对不是虚构的。柳公权最初学习书法时，甚是喜欢王羲之的书法，几乎临摹了王羲之所有的作品。但是他没有因此而满足，还极力变右军（王羲之曾官至右军将军）法，学习颜真卿，又融合自己的新意，这使他的字避免了横细竖粗的态势，而取均衡瘦硬，追魏碑斩钉截铁势，点画爽利挺秀，骨力遒劲，结体严紧，体势劲媚。较之颜体，柳字则稍清瘦，故有"颜筋柳骨"之称。后世学书者不少以柳字为楷模。

唐穆宗很喜欢柳公权的字，唐穆宗在位期间，曾拜柳公权为右拾遗侍书学士。相传，穆宗曾经问他用笔之法，他回答说"心正则笔正，乃可为法"，致使皇上"改容，悟其以笔谏也"。这就是所谓"笔谏"故事的来历。

柳公权的书法，由于帝王的赏识，在他在世时就已极其珍贵。一次，唐文宗和学士们联句，文宗说："人皆苦炎热，我爱夏日长。"一时续的人很多，但文宗却偏独赏识柳公权的"熏风自南来，殿阁生余凉"，以为"词情皆足"，并"命题于殿壁"。柳公权遵旨持笔，一挥而就，字体很大，约有5寸，但精美非凡，以至文宗赞叹着说："钟（繇）王（羲之）无以尚也。"立即迁他为少师。

柳公权的传世书迹很多，影响较为突出的有《玄秘塔碑》《神策军碑》《金刚经》等。《玄秘塔碑》是柳公权64岁时所写。此碑笔法劲练，点画如截铁，圭角分明，方折峻整；结体严谨而不刻板，疏朗开阔，仪态冲和，遒媚绝伦。而且，该碑很注意点画的多样性。碑中"寿"字横画更多，但无一笔雷同。又如"为"（為）字，上下五点，均大小、藏露不一，变化多端，丰富多彩。可谓柳体"极矜持之作"，千百年来一直是学书者重要的楷书范本之一。

## 北宋书法四大家

后周衰微之际，宋太祖赵匡胤发动陈桥兵变，自立为帝，建立赵宋王朝，半个世纪的五代十国分裂混乱局面至此结束，国家复归统一。从公元960—1279年的300多年间，书法发展比较缓慢。宋太宗赵光义留意翰墨，购募古先帝王名臣墨迹，命侍书王著摹刻，厘为10卷，这就是《淳化阁帖》。帖中有一半是"二王"的作品。所以宋初的书法，是宗"二王"的。此后《绛帖》《潭帖》等，多从《淳化阁帖》翻刻。

这种辗转传刻的帖，与原迹差别越来越大。所以同是宗王丛帖，宋人远逊唐人。而且，帖学大行和以帝王的好恶、权臣的书体为转移的情势，影响和限制了宋代书法的发展，书法家能够按自己对书法艺术的理解去继承、革新的就不太多了。但苏、黄、米、蔡等大家的出现，还是为宋代书法增添了亮色。

苏轼，号"东坡居士"，是宋朝的代表人物，是全才型的人才。他和他的父亲苏洵、弟弟苏辙以诗文称著于世，世称"三苏"。苏轼文章绝妙天下，浑涵光芒，雄视百代，为"唐宋八大家"之一，诗词开豪放一派，为世所重。他的书法如黄庭坚《山谷题跋》云："东坡道人少日学《兰亭》，故其书姿媚似徐季海。至酒酣放浪，意忘工拙，字特瘦劲如柳诚悬。中岁喜学颜鲁公、杨风子书，其合处不减李北海。"

苏轼的书法从"二王"、颜真卿、柳公权、褚遂良、徐浩、李北海、杨凝式（杨风子）各家吸取营养，在继承传统的基础上努力革新。苏轼自称"我书意造本无法，点画信手烦推求。"他重在写"意"，寄情于"信手"所书之点画。他在对书法艺术深刻理解的基础上，用传统技法去进行书法艺术创造，在书法艺术创造中去丰富和发展传统技法，不是简单机械地去摹古，落笔恣肆，丰腴跌宕，得天真烂漫之趣。

苏轼的代表作有《天际乌云帖》《洞庭春色赋》《中山松醪赋》《春帖子词》《爱酒诗》《寒食诗》《蜀中诗》《醉翁亭记》等。《黄州寒食诗帖》，纸本，25行，共129字，是苏轼行书的代表作。这是一首遣兴的诗作，是苏轼在被贬黄州第三年的寒食节时所发的人生之叹。诗写得苍凉多情，表达了苏轼此时惆怅孤独的心情。此诗的书法也正是在这种心情和境况下，有感而发。书法通篇起伏跌宕，光彩照人，气势奔放，而无荒率之笔。

《黄州寒食诗帖》在书法史上影响很大，被称为"天下第三行书"，也是苏轼书法作品中的上乘。正如黄庭坚在此诗后所跋"此书兼颜鲁公、杨少师、李西台笔意，试使东坡复为之，未必及此。"诗句精美，诗意沉郁，极富感染力，而起伏跌宕的笔画线条，则总合成与诗意相应的深沉愤激的书法意境。

这幅书法所表现的意境不是只见结果的静态之美、局部之美。松烟点画的形质、力度、速度、虚实、疏密，节律的起伏、推移、变化，表现了它是一种动态的美，手段的美，过程的美，一种首尾连贯、一气呵成、自然谐调的整体美。

苏东坡推崇晋人书法，就因为晋人书法具有他所渴求的精神之美。当然，苏东坡的起点还是与晋人不一样的。王羲之等人虽也追求一种形而上的境界，但那大多是在无意识中达到的，并没有强烈的主观渴求。何况，晋人士族阶层对政治生活的逃避，在书法中的自得其乐只是为了显示高人一等的贵族气派，给人以一种冷漠、疏远的隔膜感。而于苏东坡处，我们可以体会到一种亲切平和、艺如其人的艺术感召力。苏东坡比晋人更好地实现了艺术与人生之间的亲情关系，这也是他的尚意书风的关键所在。

宋代继苏东坡之后的另一大家是黄庭坚，他也是"宋四家"之一。他是苏东坡的得意弟子，也是知心朋友，历来都是"苏黄"并称。

他也是一位文艺全才，精于诗文书画，尤其在诗歌领域开一代新风，是江西诗派的鼻祖，在书法史上也有很高的地位。

黄庭坚深受苏东坡的影响，其艺术思想、创作实践都不出苏轼左右，在诗文、书法及绘画方面亦得苏东坡启示较多，尤其是他在书法上张扬个性的独创精神与苏东坡并无二致，甚至比苏走得更远。

当然，黄庭坚既取法前辈又不囿于师门之见，有自己的风格面貌。因此，他在艺术上的成就能超乎苏东坡之外，与其并肩而立，独擅一长。黄庭坚的书法经历与苏东坡相较，起码有两点不同：第一，他把更多的精力放于学习上，特别是学习古人的精华部分。如果说苏东坡是"顿悟"的，那么黄庭坚则是由"渐修"而至"顿悟"。第二，他的创新更为大胆，在个性的表露上更奇崛，更出人意表。苏东坡是在漫不经心的温情中自然流露出新意，而黄庭坚则是在意气飞扬、桀骜不驯的叛逆中着力于新风的创造。前者是无意的、平和的，后者是刻意的、狂放的。随时回顾往日作品，随时反省往日的缺陷，不时地做今天与往日的比较对照，才能有所觉悟又有所精进。中年时期的黄庭坚正是以这种锐意进取而又踏踏实实的态度去治学书法之道。

晚年的黄庭坚仍孜孜不倦于书法。61岁时，"书成，颇自喜似杨少师书耳"，真可谓活到老学到老。建中靖国元年（公元1101年），黄庭坚曾自谓"观十年前书，似非我笔墨耳。年衰病侵，百事不进，惟觉书字倍倍增胜"。崇宁元年（公元1102年），他58岁时，看到自己在57岁时所题的字时说："今观此字，似是十年前书，当时用笔，皆不会予今日手中意。"他反复再三地自我否定，自我反思，至老年仍苦学苦思。

黄庭坚一生中，对古人书法的研究学习，数量之多，范围之广，令人叹为观止，除了他最为倾心的魏晋书法家，如钟繇、"二王"外，还有其他书法家，如智永、颜真卿、柳公权、李邕、高闲、徐浩、张旭、怀素、杨凝式，当然也有同时代的苏轼、周越、苏舜钦等。另外，他还致力于《瘗鹤铭》《石门铭》《石鼓文》的研习。这些都可从他各个时期的记载中得到证明。

从黄庭坚的书法中，很难发现他是属于某家某派。可见他善于兼收并蓄，以神融会于古人书法，取其长而弃其短，再加上自己独特的个性表现，从而能在前人基础上创新。黄庭坚自我表现意识和无所顾忌的创作态度也导致他充满张力和叛逆的风格。这主要反映在大草书、大行书中。

黄庭坚于他的草书最为用心良苦，所花的精力也最多，原因是张、怀之后，精于草书者寥寥无几。因缺少必要的环境影响，给他的草书学习增加了难度。从开始的"俗气"到后来的"得草书三昧"，完全靠他自己去探索摸寻。

《花气诗帖》为他中年时期的作品，虽不具他最强烈的个人风格，但其空灵峻拔，可见对传统入神之深。《诸上座帖》是他的晚年力作。线条在大幅度的扫刷中随意使转，连绵波折，极有节奏感，姿态多变，通篇却气势磅礴，错落有致。《松风阁诗》是他的晚年行书作品，抄录他自作诗。书法风格老辣，是典型的"辐射体"。线条古拙诘拗，长线短笔，揖让有序；结体取斜势，章法穿插得天衣无缝，显示出其晚年得心应手的绝妙境界。后人每以此作推为黄书第一名作。

与"苏黄"不同，"宋四家"之一的米芾家境殷实，一生没有参加过科举，但是受他母亲的恩泽，也一直做一些小官，但大部分也是闲职。这样的经历给了米芾更多的时间去研究艺术，而他对书法更是情有独钟。

米芾被冠以"癫"的雅号，是名副其实的。他很喜欢石头，有一次在自己新上任的官署里发现了一块怪石，甚是喜欢，他竟然穿戴整齐，毕恭毕敬地给那块石头鞠躬，还称之为"石丈"。米芾从不感觉自己行为怪异，还经常与人狡辩。一次，苏东坡在扬州时，宴请十几位社会名流,米芾也在席间。酒至半酣,米芾忽然站起来说:"世人都说我米芾癫狂,我不以为然,愿请苏子瞻评评。"苏东坡笑着回答说:"我服从大家的看法。"周围的人听了,都哄堂大笑。米芾还曾经为别人说他"癫"的事告到蔡京那里,说:"我久任朝廷大臣,大人对我很了解,还多次推举我,认为我是首屈一指的人才,没有以'癫'加于我,可现在竟有人说我'癫',我心里不服。"蔡京听了,只是不住地笑。

有一次,宋徽宗和蔡京在谈论书法,把米芾招来,让他书写一幅大屏条,并在御案上摆出端砚供他使用。米芾写完字,捧着砚台下跪请求说:"这方砚台经过我的沾染,不能再把它送回皇上的书房里去了,恩宠到此为止。"皇上听了大笑,就把砚台赐给了他。米芾手舞足蹈地道谢,然后抱着砚台疾步退出,里面的余墨玷污了衣服他也不管。宋徽宗对蔡京说:"米芾的'癫'果真名不虚传啊!"蔡京也说:"米芾人品高雅,真所谓'不可无一,不可有二'呀!"

米芾在真州时,曾经在船上拜访名士蔡攸。蔡攸拿出王羲之的《王略帖》给他看。米芾见了惊叹不已,要用别的画和他交换。蔡攸很是为难,没有答应。米芾竟说:"如果你不和我交换,我就跳到江里去死。"说完便站在船头大喊大叫,做出要跳下去的样子。蔡攸遇到这等死皮赖脸之辈,最后只好忍痛割爱了。

就是这样"癫"狂的一个人,在书法上表现出难得的天赋。米芾学习古人书法极为用功,而且模仿的功夫很深。据说,他对任何真迹临摹后,都把真本和摹本置于一处,让原主人自择,原主人往往不能辨别。

米芾的书法作品有他自己鲜明的个性特征,在宋代几位独出己见的文人书法家中纵然不算是首屈一指,但也是极为突出的一位大家。后人称为"宋四家"的苏轼、黄庭坚、蔡襄和米芾的传世作品中,米芾的作品数量最多。

米芾的很多言行足以使人想起晋人风流倜傥、豪迈不羁的作风。当时有人赠诗称其"衣冠唐制度，人物晋风流"。他习字也是放弃了中规中矩的唐朝书法，"舍近求远"，学习魏晋时期的书法艺术。他开始最主要的创作方式就是"集古字"，学得非常勤奋。他的临摹功夫很深，常可以假乱真。有人认为，被清高宗喻为"三希"之一的《中秋帖》，实际上也是米芾仿摹的。但他并没有拜倒在前人脚下，而是找到了自己的所长，脱离了前人的窠臼。

米芾一生的艺术追求与他的癫狂个性非常吻合。米芾的书法风格始终定位在纵逸、奇肆、豪放等一类美感范畴上。不管他行为多乖张，但是他对艺术的追求却没有丝毫的马虎，尽管和"苏黄"有所不同，但是也体现出宋朝书法"注重写意"的总体发展趋势。

"宋四家"中的最后一位"蔡"，到底是谁还没有定论，但是一般情况下认为是蔡襄。他的书法取法晋唐，讲究古意与法度。其正楷端庄沉着，行书淳淡婉美，草书参用飞白法，谓之"散草"，自成一体，非常精妙。宋仁宗尤爱其书。蔡襄的书法艺术也为当时的文人所重视，苏轼和黄庭坚都对他的书法赞赏有加，认为他的书法当为"本朝第一"。

不过，明清以来，还有另一种说法，认为从"宋四家"的排列次序及书风的时代特色来说，"蔡"原本是指蔡京，只是后人厌恶其为人，才以蔡襄取代了他。蔡京的书法艺术有姿媚豪健、痛快沉着的特点，与保持着较多"古法"的蔡襄相比，他的书法似乎更富有新意，也更能体现宋代"尚意"的书法美学情趣，因而，在当时已享有盛誉，朝野上庶学其书者甚多。

前人做事，供后人评判。不管"蔡"指的是谁，他俩的书法艺术在中国书法史上都有一定影响。宋朝是文人的天下，在如此推崇文艺的朝代能够脱颖而出，成为业界的精英，被列为"宋四家"，他们的书法造诣都不会低的。今天我们只需欣赏前人给我们留下的优秀作品，而无须去追究作者到底是谁。

## 南宋四大家

宋朝"重文轻武"的政策虽然得到了文化方面的盛世，但是一个国家的中坚力量——军队的衰微，注定会"恶有恶报"。宋朝边疆的少数民族利用宋朝的逐渐衰微之势，不断侵犯其边境。而宋朝无力抵抗，只能不断退缩，安居于南方一隅。

退居南方的宋朝得到了暂时的安稳，文艺继续发展，书法艺术也不例外。最能代表这一时期书法艺术成就的就是陆游、范成大、朱熹和张孝祥，被后人称为"南宋中兴四家"。

陆游被尊称为"小太白"，他的诗有"诗史"之称。除了诗文，陆游的书法造诣也是首屈一指。其书法的审美风格和他的诗歌相似，追求的是"大巧谢雕琢"。陆游的草书师承张旭"犹龙跃凤翥，鹏搏鲲运"，行书师法杨凝式"笔札精妙，意致高远"。陆游的书法继承了北宋书法艺术的特点，注重写意，追求自然天成。陆游的代表作是《自书诗卷》，用笔沉雄苍老。

除了陆游这位诗书皆精的文豪外，"南宋四家"中的范成大也是个中好手。范成大，其实也是以诗名著称于世，他开创了田园诗派的清新自然之风。他的书法成就虽然被他的诗名所掩盖，但他的书法在当时也是受到了人们的追捧。范成大的书法艺术主要表现在行书和草书上。他学习北宋"宋四家"的风格，虽不能很好地融合多种风格为一，但是也形成自己的"精气神"，传达出一种神气。

此外，范成大还从大量的实践中得出经验：学习书法不能只看碑本，而必须看古人的经典真迹，从古人的真迹中悟出其书写的妙处。只是机械的摹写，不深思书法的内在精神，永远写不出好的作品。

范成大的书法作品虽然不算多，但是他善于思考、善于总结的精神为后人学习书法提供了榜样。

可能是北宋的书法成就太过耀眼，南宋书法不能摆脱北宋的影子，没有过多的创新，但是由于当时的社会环境的影响，书法艺术融入了些许理学的思想。南宋的朱熹就是将理学与书法艺术相结合的第一人。

朱熹博采众长，集宋代理学之大成。他一改前朝书法的"随心所欲"，对书法提出了更规范的要求，中规中矩。朱熹对宋朝苏轼、黄庭坚、米芾的书法持否定态度，认为在"苏黄米蔡"之前，书法都有一定的典则，但是到了他们的年代，字都被他们写坏了。理学重视的就是"典则"，一切都有章可循。从这一点来说，朱熹的"程朱理学"虽然对中国学术方面做出了突出贡献，但也同时限制了他书法艺术的发展。

张孝祥，南宋书法家，少年天才，从小在各方面都展现出过人的才能。张孝祥参加科举考试时，他的字遒劲，卓然，皇帝试取阅之，读其卷首，大加赞赏。他的"诗、书、策"被当时的人们称为"三绝"。他的书法学习颜真卿和米芾，汲取唐宋的精华。虽然他最终没能达到前人的书法水平，但是其书法也达到了一定境界。张孝祥现存的墨迹有《临存帖》《关辙帖》《柴沟帖》等。张孝祥满腹才华，但是天妒英才，英年早逝，否则会有更多的作品流传于后世。

## 台阁体的产生

明代自朱元璋崛起于草莽，推翻元朝统治，统一全国，至李自成攻克北京，历经277年。在近3个世纪中，明代的帝王留意翰墨，笃好摹临。上有所好，下必甚焉。康有为说："明人无不能书。"上至帝王，下至学士、举子都能写得一手可观的书法。明人极善行草，又能写楷书，尤其是小楷。而且，朝野士大夫重视帖学，都喜欢姿态雅丽的楷书、行书。

明代同宋代一样，也是帖学大盛的一代。法帖传刻十分活跃。明代初期，太祖朱元璋、成祖朱棣，都酷爱书法，极力推崇书法，尤其是楷书。成祖下诏求海内擅书之士，邀集于翰林院，倍加恩宠。明代正式的场合都使用楷书，在科举考试上尤为突出，要求考生答题皆用小楷，且十分重视书法的审美艺术。如果考生字写得欠佳，即使学富五车，也会名落孙山。这对当时的书法艺术风貌产生了较大影响。因此，读书人写字，唯求端正拘恭，横平竖直，整整齐齐，写得像木版印刷体一样，这就形成了明代的台阁书体，称"台阁体"。台阁，本指尚书（系古代辅佐皇帝处理政务之官）。因尚书台在宫廷建筑之内，故有此称，后引申为官府之代称。

台阁体是一种明代官场书体。其特点是字体方正、光洁、乌黑，大小一律。由于士大夫清玩风气和帖学的盛行，影响书法创作，所以，整个明代书体以行楷居多，未能上溯秦汉南北朝，篆、隶、八分及魏体作品几乎绝迹，而楷书皆以纤巧秀丽为美。至永乐、正统年间，杨士奇、杨荣和杨溥先后入翰林院和文渊阁，写了大量的制诰碑版，以姿媚匀整为工，号称"博大昌明之体"，即"台阁体"。士子竞相摹习，横平竖直十分拘谨，缺乏生气，使书法失去了艺术情趣和个人风格。明代近300年间，虽然也出现了一些有造诣的大家，但纵观整朝，书法艺术却没有重大的突破和创新。

## 风流才子祝允明

明朝除了"台阁体"，还有一些善于师法前人的书法家，使明朝的书法艺术不至于太差。身为"吴中四才子"之一的祝允明就是其中之一。

祝允明，即大家熟悉的四大才子之一祝枝山，他对诗书画等文艺都很精通。其小楷学钟繇、王羲之，谨严端整，笔力稳健；草书学怀素、黄庭坚，晚年的草书，更显笔势雄强，纵横秀逸，为当世所重。他为人豪爽，性格开朗，其无拘无束的气度，表现在"狂草"中，写得舒展纵逸，气韵生动，是值得后人研习的一位书家。

祝允明出生在文化气氛很浓的苏州，他的书艺可以说是在名家的春风雨露之中茁壮生成。他的书画生涯是在前辈的潜移默化下开始的，其中对他影响最大的是外祖父徐有贞和岳父李应祯两人。受他们的影响，祝枝山从小就临摹晋唐书法。

祝允明对王羲之的字甚是喜爱，根据传世的作品以及文献的记载，可以知道祝允明曾经临过5本《黄庭经》。那些临摹的作品，点画丰润，行笔爽健，结体舒展而合度，转折处刚健见力，字势明确，自然生动。祝允明这样的扎实功夫，为他在书法上的发展和成就打好了基础。祝允明临写《黄庭经》在当时很有名。他最后所临的一本，是在67岁去世前两月，当时他是抱病完成的。祝允明55岁时作的《出师表》基本上是以《黄庭经》的气貌来写的。

祝允明是在小楷书上突破"台阁体"而大有成就的第一位书家。作品运笔沉实，力去轻飘浮滑。结体平正，显得特别稳重，章法齐整，传达出一种肃穆、端庄、凝重、厚实的气氛，将颜书的遒劲、谨严、雄健、老辣熔铸于笔下。其平正厚重处颇类颜字，而结体的紧结，方笔骨节的凸现，则颇见欧字的风格。同时，他又从更多的大家那里汲取精髓，融汇于自己的书艺中，得其众家之长又化出自己的境界。

祝允明初学行书时，是临摹的赵孟頫的字，对赵孟頫的字很是热爱，但是随着自己经历的变化，他的心境发生了变化，因此对字体的喜好也就发生了变化。他开始学习古人，摄取王献之、智永、褚遂良、苏东坡、黄庭坚、米芾的精髓熔铸之。他的行书洒脱活泼，笔致生动，时现各家痕迹，或王字之遒古，或智字之典雅、褚字之精丽、苏字之含蓄、黄字之奔放、米字之峻利、赵字之妩媚。然而他的书自有面目，将自己的内心世界显现于笔端。祝允明认为学习

"宋四家"是通向晋人的门径。只有直接去学习宋人才能知道晋人，而不致为赵孟頫书风所局限。当然，他从平和的书风转向写意的宋人书风，与他当时的心境有密切的关系。对于宋人，他着重学习苏轼、米芾、黄庭坚。我们从祝允明跋米芾的《天马赋》中可以知道他学习米芾的"狂狠"书风。米芾的行书极张扬个性，祝允明取法米芾后，书风便由典雅平和转向了狠辣潇洒，抒情性极强。

祝允明的行书作品在晚年常会夹带不少的草字，而早年的草书作品则更杂有很多的行书字。他晚年的行书发展和草书的发展是同时的，并且相互影响，因而变化多姿，又往往是因情而作，灿烂纷呈。他将草书的表现力推上了一个高度，增强了气度和内涵，从而成为明代浪漫书风的成功者。

最能代表祝允明草书成就的是他晚年的狂草大作。激越奔发成为他大草创作的主要特征。作品狂而不乱，情浓势足，气度不凡，是它的特色，他晚年的书作《箜篌引》就是如此。保证大草气度的第一因素，即是将字中妍润和巧丽的笔画起收动作幅度缩短，增加行笔过程中的饱满度和厚实感。这样，使人在视觉上既感到朴拙、沉劲而又不失流丽多姿。祝允明的草书在其所擅各体中当为第一，有"明代草书第一人""明代草书第一手"之誉。

总的来说，祝允明的书法由早年中和平整的小楷起步，继而学行书，向宽博欹侧过渡；中年以后形成险崛的狂草，是伴随着他仕途失意、放荡不羁的心路历程而转变的；最后以自己的学养、情愫一并寓于书法，袒露他真诚的内心世界。这样的心境和扎实的功底成就了这样一位卓越的书法家。

## 文徵明的行书和小楷

"明四家"之一的文徵明也是一位出色的书法家，而且是一个文学、绘画、书法全面发展的艺术家。

　　文徵明的一生始终与书画艺术结伴相随。他从 26 岁（公元 1495 年）到南京参加乡试，一直至 53 岁，27 年中共考了 10 次，均未及第。文徵明连连受挫后，索性将其生命之流全注入了艺术的河床。因此，当他 54 岁时，经苏州巡抚推荐，到京城做翰林院待诏，但他很快就厌倦朝中生活，3 次上书辞职，终于返回苏州。从此以后 30 多年的悠悠岁月中，他始终优游于艺术中，书画成了他生命的一部分。

　　除了书画，文徵明因为性情耿介，不畏权势，也深受后人敬仰。文徵明出身官宦家庭，其父文林虽任温州知府，但两袖清风，家境清寒。徵明虽有入仕之心，然仕途不利，最终也未就高位。据说，文徵明生平有"三不"：不近女色，不登官府之门，不与达官贵人往来。一次，大奸相严嵩去苏州看望徵明，而他却不回拜，严嵩对此很不高兴，便对手下人顾东桥说："他文徵明不拜别人可以，我特地去看望他，可他却不回拜我，真是太不像话了！"顾东桥回答说："这就是他之所以为文徵明的原因呢！如果不拜别人，只拜您，他还是文徵明吗？"宁王见文徵明才艺过人，曾遣人送去厚礼，邀他去南昌共事。徵明感到宁王有政治野心，遂断然拒绝。

　　文徵明受儒家"中庸"思想影响比较深，同时也受道家思想影响。他的个性柔而不弱，强而不刚，是标准的文人思想。文徵明的书法曾被称为"如风舞琼花"一般。而这一朵书艺的琼花，是他用锲而不舍、孜孜不倦的努力催开的。

　　文徵明属"幼不慧"者。据说他 7 岁始能立，8 岁时说话不清，11 岁才能言语，稍长才颖异挺发。他早年参加生员岁考，因字拙而不能参加乡试，深受刺激，从此发奋练习书法。《名山藏》里曾记叙，文徵明当初在郡学学习时，学官十分严厉，对诸生管束特紧，"辨色而入，张灯乃散"。诸生不堪这种紧张的学习生活，只有文徵明专心刻苦,"独临《千字文》,日以十本为卒"。文徵明以临写《千字文》作为书艺的基本训练,直至其晚年都没有废弃。

文徵明一生勤精于业,笃学不倦,字仿黄庭坚,遒劲奇崛,为世所重。文徵明又从书法名家吴宽学书。吴宽书法仿苏东坡,然颇多自得。文徵明还师从祝允明的岳父李应祯专门学书。他还与当时苏州的文人祝允明、唐寅、徐祯卿辈互相切磋,汲取众长。

文徵明品格高卓,正如他的朋友唐寅在一首诗中所说:"闲来写幅青山卖,不使人间造孽钱。"文徵明虽也以卖字画为生计,但他同唐寅一样,不亵渎书艺的圣洁,尤其不愿意将其卖给藩王等权贵,也不愿将自己的书法卖给外国人,故有"平生三不肯应"的规矩。然而他对师友却情深意笃。

今人在论其书时,也多赏其人品高洁。文徵明的品性也是深受沈周、吴宽等老师的影响。沈周谢荐隐遁,为人耿介独立,风尘萧散。吴宽则"好古力学,至老不倦。于权势荣利,则退避如畏""行履高洁,不为激矫,而自守以正"。文徵明在向他的老师学艺的同时,也汲取了他们高洁的品格,又将其寓于书法艺术之中。

文徵明备善各体,真、行、草、隶、篆等俱佳,其中最为精绝者则是行书和小楷。评者云:"如风舞琼花,泉鸣竹涧。"他的行书作品很多,赵字的遒丽与黄字的奇崛并有,苏字的内蕴和米字的骏利兼具,智永的骨气深沉和"二王"的神韵共存,这些都融成文徵明自己的面目:流丽典雅,骨匀肉丰,气韵肃穆。

《临池心解》有云:"小楷最不易工。"而文徵明却深得小楷神髓,《离骚经》为文徵明小楷的典型作品。文徵明此时85岁,耄耋之人能写出如此纯粹精工、法度严谨的蝇头小楷,真令人叹为观止!文徵明一生卓越的楷书艺术,特别是小楷艺术,留给我们许多深刻的启示。

文徵明的小楷写出了特有的节奏、韵律、形体,并"凛之以风神,温之以妍润，鼓之以枯劲，和之以闲雅，故可达其情性，形其哀乐"。他写《赤壁赋》，对此诗情画意、深刻哲理心领神会，契合无间，亦如月下泛舟，旷达虚无。他写《醉翁亭记》，浸润在欧阳修的山水之乐中。他写《离骚经》，追随屈原的灵魂，翱翔在复杂的情感世界。他往往启轩窗，拂几席，燃名香。他既从古代高人韵士的文字、书法、绘画中汲取精神上的营养，陶冶自我，又将自己的性情抒写入书法中去。

文徵明的楷书特别是小楷，从整个书法史来看，卓然成一大家，承接赵孟頫，远绍唐楷，上追晋人，以卓越的书艺丰富了书法艺术的宝库。

## 徐渭的悲叹

中国古代佯狂的艺术家不少，可真正如荷兰的凡·高那样发疯，生时寂寞，死后却为后人顶礼膜拜的大家实在不多——徐渭就是这样一个令人悲叹的人物。

徐渭的人生可以一"奇"字贯之。"公安派"的首领袁宏道写《徐文长传》，通篇就写他的"奇"，结尾半是赞叹、半是感伤地写道："余谓文长无之而不奇者也。无之而不奇，斯无之而不奇也，悲夫！"要了解这位明晚期书坛怪杰的书艺，首先应知道他是一位不为儒缚的奇人，有超越世俗的奇气，在文学艺术的诸多方面怀有奇才，然而又是一位命运坎坷、几多磨难的"数奇"者。

徐渭，山阴（今浙江省绍兴）人，天资聪颖，20岁考取山阴秀才，然而后来连应8次乡试都名落孙山，终身不得志于功名。徐渭青年时还充满积极用世的进取精神，孜孜于治国平天下的理想追求之中，并一度被兵部右侍郎兼都察院左佥都御史胡宗宪看中，后来为胡宗宪草《进白鹿表》，得到明世宗的极大赏识。他本以为能施展抱负，但后来胡宗宪被弹劾为严嵩同党，被逮自杀。"伯乐"死了，"千里马"徐渭深受刺激，一度发狂，精神失常，蓄意自杀，竟然自杀9次。

徐渭53岁时才真正抛开仕途，四处游历，开始著书立说，写诗作画。徐渭的书法，最擅气势磅礴的狂草，笔墨恣纵，行章如卷席，满纸烟云，震慑人心。

明代文学家袁宏道可谓徐渭的一位知音者和热情讴歌者。徐死后，袁宏道曾在陶望龄家中随手翻到一本徐渭的诗文集，"恶楮毛书，烟煤败黑，微有字形"。但在灯下读了数首，不觉惊跃，急问陶望龄"诗为何人所作？是古人？还是今人？"并与陶在灯下把徐渭的诗文"读复叫，叫复读"，以致把已经熟睡的童仆都惊醒了。以后袁宏道逢人便称扬，说徐的诗文"一扫近代芜秽之习"，并把他列为明代第一。而当袁初次看到徐渭书法单幅时，便识出其书法中的精神："强心铁骨，与夫一种磊落不平之气，字画之中，宛宛可见，意甚骇之！"临摹尚且如此，更毋庸说自己的创作了。因此，徐渭的书法，不讲究锱铢必较、分寸悉合法度规矩，而是写出自我的面目，渲露自己的笔意，一泻豪气，甚至不怕点画狼藉，大涂小抹，或有失之草率，或是杂出破体。

在明书坛上，徐渭平生很钦佩祝枝山（祝允明）。徐和祝都有一种怀才不遇、落魄困苦的同命感，也都狂放不羁。但是徐的经历比祝更为痛苦艰辛。他的狂曾达到了狂疾，他书中的狂放，带有更为深重的心灵创伤与愤懑。徐渭的书始终如一颗苦难的心在激烈地跳动，一股难于压抑的牢骚从心胸中冲出，显示出狂与怪的书艺。

袁宏道曾说："古今文人，牢骚困苦未有若先生者也。"虽然此话未必十分妥切，但徐渭书法是从他的深重的牢骚与困苦中酿就出来的。因此他的书法有不同于他人的面目，抒写不同于他人的性情。徐渭的草书以其跌宕纵横、奔放淋漓的笔姿，挥写自己胸中的豪气，打破草法的陈规，虽被人讥为"野狐禅"，但却如"字林侠客"呼啸驰骋于明书坛。

## 以古为师的董其昌

除去以上三位，明代的董其昌也是中国书法史上极有影响的大家之一，其书法风格与书学理论对后世产生了重大的影响。

董其昌（公元1555—1636年），字玄宰，明代南直隶松江府上海县（今上海市松江）人。父亲董汉儒是个屡试不第的秀才，家中生活较清寒。但董其昌在仕途上的通达，不是明代前几位书家所能比拟的。万历十七年（公元1589年）举进士，选翰林院庶吉士，后授编修，充讲官，出为湖广副使，任湖广学政、山东副使等。光宗立，又曾召为太常少卿，掌国子司业事。天启二年（公元1622年）升为本寺卿，兼侍读学士，后又升为礼部右侍郎，拜南京礼部尚书。

但董其昌的书学道路却十分艰难。17岁时，他参加松江府会考。当时他写了一篇很得意的八股文，自以为准可夺魁，谁知发榜时竟屈居堂侄董原正之下。原因是知府袁贞吉嫌他试卷上的字写得差，文章虽好，但只能屈居第二。此事使董其昌深受刺激，从此他发愤学习书法。开始他以唐人颜真卿的《多宝塔帖》为楷模，后来又改学魏、晋，临摹钟繇、王羲之的法帖。后人曾说，董其昌真是因祸得福，竟一辈子与书法结下了不解之缘，并因此成就了他万世的书法英名。

董其昌的楷书，17岁以后形成了成熟的风格，撷取颜书笔法变化之精髓，而舍弃了颜书均衡的笔画分布与方正的字形，再参以欧阳询等诸家特色，配以清秀欹侧之间架，创造出一种欹正相生、俊逸疏朗的新面貌，有笔不尽意之趣。

他的行书前期多变，至70岁以后则以淡墨枯笔为多，行气疏朗，颇有返璞归真、消尽火气的意趣；结字以欹为正，笔法自然含蓄，寓变化于简淡之中。他自称其行书行笔无定迹，而有萧散错落之致，达到天真烂漫的地步。

董其昌的草书，早期用笔多使中锋，笔画细劲，行笔间起伏小，结字宗怀素，70岁后则中锋、侧锋兼用，线条粗细变化大，笔画中转折起伏多，笔力内蕴，除结字于怀素外，另参杨凝式、米芾诸家，一任自然，生秀淡雅。

明末书评家何三畏称董其昌的书法："天真烂漫，结构森然，往往有书不尽笔，笔不尽意者，龙蛇云物，飞动腕指间，此书家最上乘也。"在赵孟頫妩媚圆熟的"雪松体"称雄书坛数百年后，董其昌以其生秀淡雅的风格，独辟蹊径，自立一宗，亦领一时风骚，以至"片楮单牍，人争宝之"。《松江志》上说他"少好书画，临摹真迹，至忘寝食。中年悟入微际，遂自名家。行楷之妙，胜绝一代"。

董其昌以古为师，以古为法，又能从中根据自己的性情和审美理想加以熔铸。他的书法追求一种古淡、雅朴、天真、自然的萧散境界。其用笔清劲而去其恶浊；结体自然洒脱而去其狂怪；用墨则润丽去其腻肥；章法则随手错综，去其人工布置。董的书法在当时"名闻外国，尺素短札，流布人间，争购宝之"。到了清代，康熙又倍加偏爱，推崇。他曾亲手临摹董书，且特别喜爱《昼锦堂记》，并且特地制为屏，列于座右。学士文人也上下仿效，竞习董书，求仕干禄，使清代前朝书坛为董书所笼罩，影响深广。但自士人多学董的软媚后，书风便每况愈下。

董其昌的行书以"二王"为宗外，又得力于颜鲁公、米元章、杨少师诸家。颜书对董的影响很大，颜的雄强、宽绰，董最能体味深入。他临颜的《明远帖》下过苦功夫，对于颜的《争坐位帖》《鹿脯帖》等等都有过深入的研习。而董其昌的草书艺术更为纵横飞动，不同凡响。这种如迅雷飞电的草书应为董书中最有成就者。

## 王铎和傅山

　　明末时期，由于朝廷腐败，社会矛盾日益尖锐。在这种情形下，一部分文人仍以诗文书画粉饰太平，但也有另外一部分人，他们受了资本主义萌芽的市民文学和浪漫思想的影响，在审美意趣上产生了变化。他们通过书法变革来曲折地表达改革社会的要求。当时书坛形成一股豪放的书风。这些书家中有张瑞图、黄道周、王铎和傅山等人。然明亡后，艺术革新遭到夭折。

　　清朝统治者在书风上大力推崇董其昌和赵孟頫。如康熙皇帝在位60余年，以武功定内外，笔墨耀宇中。其善书好书，书坛唯董独尊。后来的乾隆也精于翰墨，由于他颇爱赵孟頫书法，于是整整一代，天下习字者莫不尊赵法，以达到活泼流畅之气势，于是"守中"之法就被打破了。纵而能敛，化险为夷，于平淡中显出雄健沉着，这一点表现出王铎在章法和技巧上超出前人的胆略和神通。

　　明清之际，北方的书法以王铎和傅山最为著名。但因为王铎任职于明清两朝，从而使其品格蒙上阴影，使得一些著作在谈及明清书家时，舍弃王铎，或一言带过。但不管怎样，王铎出神入化的书法艺术，冲破了以人品论书的成见，被后世奉为楷模，王铎本人也成为一代书法宗师。

　　傅山（公元1607—1684年），字青主，出身于书香门第，祖上多有文名。傅山自幼聪敏，博闻强记，好学深思。他是一个忠厚老实的读书人，淡于名利，而勤于读书。傅山在书法上造诣很深，其字初学赵孟頫、董其昌，几乎可以乱真。传下来的有《上兰五龙洞场圃记》，字里行间，潇洒多姿，如果把它放入宋明人的简牍及汇帖中，一点儿也不显特殊。

傅山先学赵孟頫，后改学颜鲁公，对颜鲁公的人和字推崇备至，简直是五体投地了。傅山的颜体写得极好，流传下来的颜体大字、楹联和榜书多件，都非常端庄遒劲。

他的小楷也用颜体。现代书法家邓散木说："傅山的小楷最精，极为古拙，然不多作，一般多以草书应人求索，但他的草书也没有一点儿尘俗气，外表飘逸，内涵倔强，正像他的为人。"仔细阅读傅山此时的小楷和楹联，都是严格的颜书正统，只是过于严肃，用力过猛，剑拔弩张，如临大敌。可见他的心情正处在一种极度奋发的状态之下，表现出一种奋不顾身的抗争精神。这与傅山的为人有关，他曾于顺治十年（公元1653年）因反清而被捕入狱。

傅山有《甲申守岁》诗二首："三十八岁尽可死，凄凄不死复何言……蒲坐小团消客夜，烛深寒泪下残编。……朝元白兽尊当殿，

梦入南天建业都。"明亡之年他38岁，他认为当时就应该殉国。入狱时他已47岁，抱定了必死的决心。傅山在狱中"抗词不屈，绝食数日，几死"。后来傅山的朋友们出奇计，终于救出了傅山。傅山出狱后有一首诗写道："病还山寺可，生出狱门羞。有头朝老母，无颜对神州。"他虽然没有壮烈牺牲，但是其慷慨悲壮已足以光照千古了。

有段时间，傅山没有写字。这个时期，他隐居在深山的寺庙中，潜心研究先秦诸子，同时也研究佛经道藏和儒家的经典。他这一段时间不写字而研究诸子和经典的结果，使他在思想上得到了真正的高扬，而在书法上则产生了全新的面目。所以在《草书祝锡予六十寿十二条屏》中，其字更加飞动，用笔更加灵活，证明他的书法正在向前猛冲，已经进到一个全新的阶段。此时他的笔下，不仅没了赵董的影响，甚至连颜体的影响也不见了。

傅山到此时才真正有了自己的面目、自己的风格。这告诉我们一个明确的经验，即仅仅是每天不停地写字，这是不够的，这最多只能培养出一个熟练工，甚至仅仅是注重钻研技法也是不够的。书法作为艺术，功夫不在手上，它里面所包含的技巧是很有限的，可以说是微乎其微的。那些仅仅知道钻研技法，甚至鼓吹技法、卖弄技法的人，他们的字一写就好，永远写不坏。最终他们的这种所谓的好，也只能是低水平的，直截了当地说，就是匠人们的所谓好而已。傅山却不然，傅山经常写坏，或说写不好。他的书法作品，有的水平极高，有的很不像样，这正说明他在进步和变化。

傅山不给为人不正的人或者他不喜欢的人写字。可以把这一点说成是他生性耿介的一例。傅山不喜欢当人面写字。有的人为了得到他的真迹，立逼他当面动笔，傅山此时心中总是极不舒服。所以傅山说："当人作者，无一可观。"当然更不要说"表演"了。清人笔记《里乘》里有一则，记载着傅山写字是在夜晚，独自一人，还哼着小曲，因为突然有人打扰，败了兴致，傅山便拂然而去。其耿介的性情由此可见一斑。

## 碑派的兴盛

邓石如（公元1743—1805年），原名琰，字石如，又名顽伯，号完白山人，又号完白、古浣子、笈游道人、风水渔长、龙山樵长等，安徽怀宁人。有人把他归为皖派，更多的人因为推崇他在篆刻史上杰出的贡献，而尊其为"邓派"。

邓石如幼年时家境贫寒，一生社会地位低下，他自己说："我少时未尝读书，艰危困苦，无所不尝，年十三四，心窃窃喜书，年二十，祖父携至寿州，便已能训蒙。今垂老矣，江湖游食，人不以识字人相待。"这样一位读书不多的"布衣"，成长为伟大的艺术家，全靠坚定不移的信念、顽强的意志和刻苦的锻炼。他17岁后，就开始以书刻自给。30岁后，通过友人介绍，他陆续认识了南京梅镠三兄弟等友人，遍观梅家收藏的金石善本，凡名碑名帖总要临摹百遍以上，为此起早贪黑，朝夕不辍，为以后的篆刻艺术打下了扎实的书法基础。所以，当时人评他的四体书法为清代第一人。

邓石如生于乾隆八年（公元1743年），卒于嘉庆十年（公元1805年），其书法艺术成熟于乾隆后期。可见，清代中叶的"乾隆盛世"，正是邓石如生存及其书法创作的大文化环境。邓石如生长在寒士之门，但他少负才华，勤学好问，且心志高远，虽然"少产僻乡，鲜所闻见"，但其家学渊厚，特别是父亲木斋先生，"多才艺，工四体书，尤长篆籀，喜摹印"，对其学书有很积极的影响。书法上如此良好的家学，成为少年时代的邓石如选择并立志于书艺之道的先决条件，也是他后来学书成功的重要启蒙。

邓石如经过家学的熏陶，进而直接步入社会文化环境的大课堂中结友寻师。游历是我国古代艺术教育的特殊形式，由此培养和造就的艺术大师不胜枚举，邓石如即可谓一例典范。20岁左右，他即开始了离家游食的生活。为了生存，他以卖字刻印为生，但为了开阔眼界，于书艺精进不已，他不辞劳苦，寻师访友，奔走求教。至32岁，他再赴寿州专访巴东前知县梁巘，此时梁氏主讲寿春书院。邓石如为院中诸生刻、写扇面，让诸生拿给梁巘看。梁巘堪称伯乐识千里驹，一眼就看出邓石如是个可造就的人才。他把邓石如介绍给江宁举人梅镠，梅氏欣然接纳，并提供生活等一切费用。至此，邓石如摆脱了迫于生计的忧虑和操劳，集中全身心对书艺进行研究创作。梅镠是北宋以来江左豪族，收藏极富，自秦汉以来的金石善本无不备存。出于对邓石如的赏识和栽培，他尽出所藏，以资观摩。

邓石如置身其中大开眼界，每日如饥似渴，研墨盈盘，沉浸瀚海，如此8年，始终如一，吸取众长，5年学成篆书，3年学成隶书，并开始崭露头角。在江宁的8年是邓石如艺术道路中的转折点，是他攀登艺术高峰的重要阶段。

在此期间，邓石如还结识了不少学者名流，其中有诗人袁枚、散文家姚鼐、大经学家程瑶田、诗人叶天赐、画家毕兰泉、"扬州八怪"中的罗聘等，他们交谊深厚，在一起切磋，彼此取长补短，这也是促成他全面成长的条件。

邓石如学成离开梅家，仍草簦担笈，继续卖书刻字，浪迹江湖，其书艺沿着碑学新径艰苦跋涉，顽强不息。游黄山至歙县，知遇武进张惠言，于是，邓石如受赏于户部尚书曹文埴，曹氏赞之为"江南高士邓先生，其四体皆为国朝第一"。抵京后，相国刘墉、精于鉴赏的大臣陆锡熊，见其书作者皆惊叹不已，以为"数百年无此作矣"。

于是，邓石如名震京师，相继踵门不绝。但邓石如性情耿介，不懂趋附权势，加上坚定的碑学艺术主张，得罪了当时称霸书坛的以内阁学士翁方纲为首的正统派,受到诽言诋毁,毅然离京。之后,他由曹尚书荐至湖广总督毕沅处做幕友,更深受器重,同时亦受幕中小人嫉妒,愤慨而去。晚年,他于镇江与书法家包世臣相遇,彼此相见恨晚,结为师生之交。

邓石如的人生后期,涉足大江南北,广结天下名士,其间饱尝人生千辛万苦却不因为怀才不遇而惋惜,唯于碑学书艺一如既往,披荆斩棘,乐此不疲,终以一介布衣著成大功,开一条"碑学"新途,独领当时书坛风骚,扬名天下,着实旷世仅有。

邓石如的一生,伴随着刻苦自励,倾心艺术的全部生活内容几乎就是"交游"二字,完全是一个纯粹的艺术家我行我素、自由自在的"逍遥"的人生。自古名士多有逍遥者,或对现实不满,郁郁不得志,借逍遥以明志;或是胸无大志,玩物丧志,为逍遥而逍遥。邓石如的"逍遥"属于前者。他的"不得志"在于对现实不满,而不是苦于没有晋升的阶梯,可以说,这样的机遇在其一生交游中比比皆是,但他并不在意。读万卷书,行万里路,这是艺术家成功的必备条件。邓石如出游40年,何止行万里路。即便于梅家埋头古碑临习期间,也未忘游历。他一生游匡庐、雁荡、新安,遍览黄山36峰,登衡山、泛洞庭,后渡黄河,谒孔林,两登泰山。

邓石如广游名山大川,游兴不在于寄情山水,而是为了以自然精气滋补书艺。正是在这种与大自然浑然合为一体的理想境界中,他保持着一种纯粹的安然悠然的存在状态,进一步发展了自身的艺术天性,在具体创作时,把书法当作了一种没有造作之心的自然而然的表现,长此以往,终于铸成了邓派书艺炉火纯青、天衣无缝的境界。

邓石如作隶书脱胎于汉魏,结体严整,用笔峻拔,貌丰骨劲,锋芒四射,摄人心魄,富有个性。邓石如能以篆意入隶,又佐以魏隶的气力,不假心机而自然苍厚,其风格自与他人大不相同。

楷书于唐代成熟，欧、褚、颜、柳诸大家成为后人学楷书的桥梁。邓石如学楷书，没有从唐楷入手，而是追本求源，直溯汉魏，取法南北朝的《张猛龙碑》《贾使君碑》《石门铭》《梁始兴忠武王碑》等，多用方笔，笔画使转多隶意，挑钩笔画使用隶法，结体上不以横轻竖重、左高右低取妍媚，而求平稳工整，疏朗率真，静穆典雅，古茂浑朴，与时尚馆阁体的雍容华贵是分道扬镳的，同样表现出勇于探索的精神。其所作楷书生前不为时人赏识，究其原因，不能不与其迥殊时尚有关。

邓石如在书法方面的成就，对于文化的贡献，不在于四体书是否"皆为国朝第一"，也不在于其各体书孰高孰低的品鉴。作为一位书法家和一位富有创造性的大师，邓石如以其毕生的艺术实践，使技与艺的继承和创新达到和谐的统一，为后世有志于书艺者提供了一则成功的范例和宝贵的文化遗产。

邓石如是清朝首习碑文的人，"后有来者"的何绍基将碑文发扬光大了。何绍基工书，是十分勤奋的书法家。他每日临池，通身力到，每一本喜爱的碑帖都临了几十、上百遍，花费了大量的精力，最终结出了硕果。

何绍基临写汉碑极为专精，《张迁碑》《礼器碑》等竟被他临写了100多遍，不求形似，全出己意，进而"草、篆、分、行熔为一炉，神龙变化，不可测已"。中年潜心北碑，继邓石如后，极力推崇碑学，主张"书家须自立门户"。执笔用回腕法，写出了个性极强的字，这种执笔法远离人的正常生理习惯，故每次写字须"通身力到"，每次写完"汗湿襦衣'，别有趣味。他的行草书写得"天花乱坠，姿态美雅"，隶书雍容纯正，有汉人遗风。据说他作书喜用羊毫，用来表现他那种优游不迫的风姿。

何绍基曾自述："生平好学，无所不窥，博览群书，于六经子史，皆有著述，尤精小学，旁及金石、碑版文字，历朝掌故，无不了然于心。"其子何庆涵在《先府君墓表》中说:"生平于诸经、说文、考订之学,用功最深。文章师马、班、昌黎,诗宗李、杜、韩、苏诸大家。书法溯源篆、分,下逮率更父子、鲁公、北海、东坡,神明众法,自成一体。旁及金石、图画、摹印、测算,博综覃思,实事求是。"

曾国藩曾说:"子贞(何绍基,字子贞)之学,长于五事。一曰《仪礼》精,二曰《汉书》熟,三曰《说文》精,四曰各体诗好,五曰字好。渠意皆欲有所传于后,以余观之,字则必传千古无疑矣!"杨翰称其书"数百年书法于斯一振"。《弈人传》谓"有清二百余年一人"。

何绍基学书,曾经历了艰苦的磨炼过程。年少时,为了寻碑觅古,他常头顶草笠,足履芒鞋布袜,不畏山高水险,风餐露宿,以得一睹亲拓一碑为快。写字临碑,是其日课,自少至老,无论寒暑舟车,从不间断。

世人于何书多所称道,但所称道的,一般系指其刚健婀娜、婉媚遒劲的行草书。他传世的书作,行草量多于他体,且以对联为多,所以人们津津乐道于"何对"。他的行书涉古面广,其行书根底为颜真卿的《争坐位帖》及《裴将军诗》,并掺以北碑笔意,能得其神髓。他尊古创新,别开生面,坚持走自己的路,形成他那种苍劲凝练、古朴自然而又独特的行书风格。

何绍基晚年所书《题李伯时画》巨轴,行书或直或斜,似直非直,似斜非斜。通篇字体大小连贯而又相称。如所书"为、人、文、会"等字的撇,"锋、伯、神、耳"等字的悬针,任意挥洒,更显飘逸奇纵。他的用笔,正如前人所说的"心能转腕,手能转笔,书字便如人意"。他既能"入古",但又善于"出新",重神而不求形,不落古人窠臼,直泻性灵,富有生机。其书法既保持古法特色,又具书家情趣。他晚年的诗稿,草、篆、分、行共冶一炉,烂漫挥洒,变化神奇,妙不可测,初看有如藤蔓蝌蚪,似无从辨认,然一一认之,乃可识别。细观诗草，神融笔畅，妙绪环生。

综上所述，何绍基书法艺术的形成，上自周秦两汉古篆隶，下至六朝碑版，吸取精华，千锤百炼，融会贯通于自己的笔墨，卒至成为近代书苑卓越的大师。其所以能成，是因为他染翰临池，日夜不倦，自少至老，虽百忙千冗，亦不废临池，到了晚年，临碑仍不间断，有的多达百通以上。"半年笔冢高如墙"，形象地道出了他书写的刻苦精神。杨守敬在《学书迩言》中说"论者谓子贞书纯以天分为事，不知其勤笔若此。"其临碑重骨不重姿，入古而能出新，不依傍古人，故终成清代出类拔萃的大师。

时至今日，百余年后，何绍基的那种意随笔走、笔随意转、外柔内刚、外圆内方的何字以及他的学书方法和精辟的书论，仍可为当代书坛所借鉴。

# 第四章 画——丹青意境趣成诗

中国画虽然居于"琴棋书画"之末，但是它不是产生最晚的。画的产生要早于汉字，或者和汉字产生的时间差不多，因为古代有"书画同源"的说法。琴棋书画中的"画"一般指的是中国画，具有中国特色，是用毛笔蘸水、墨、彩，在绢布或宣纸上作画。最早的中国绘画是刻在器具上的。中国画的题材以人物、山水、鸟兽等为主。如果说文字开启了世界文明的大门，那么绘画则是启发"中国式"美的源泉。

中国绘画具有一种"中国式"的美。寥寥几笔，尽显无穷无尽的意趣；线条与色彩的完美结合，展现出形象与抽象的和谐美；诗画的相辅相成更赋予画中的内容以精神和情韵。从简朴中可以窥见繁复，从简淡处可以看到多彩，这才算有了美的灵性。中国画崇尚自然、生动、平衡、和谐，这也是中国文化的精髓。

## 彩陶与图腾

由于没有明确的文字记载，我们要推测出绘画产生的年代，只能根据出土的文物。

原始社会生产力低下，一切都是在慢慢探索中发展的。在三皇五帝时期甚至更早，就已经出现了彩陶和岩画等绘画作品。根据当时的生产力水平，我们可以推测这些绘画作品绝不是为了审美才创作的。根据绘画的形式和当时的象形文字对这些绘画的描述，我们可以推测出当时的绘画是为了配合宗教活动或者祭祀活动。

近年来的考古发现，中国的许多省份都有保留下来的岩画。这些岩画的发现使得史学家们将中国绘画艺术的起源推前至旧石器时代。内蒙古阴山岩画就是最早的岩画之一。在那里，我们的先人们在长达10 000年左右的时间内，创作了许多这类图像，这些互相连接的图像把整个山体连成了一条东西长达300千米的画廊。祖先在创作岩画的时候是无拘无束的，因此对其篇幅、布局都没有什么特别的设计。

但是在陶器和木结构出现之后，绘画发生了一定的变化，在发现的仰韶文化、马家窑文化、大汶口文化、红山文化、河姆渡文化中，发现了一定数量的彩陶。仰韶类型的彩陶以在西安出土的半坡陶盆——人面鱼纹彩陶盆最具特色，也最耐人寻味，关于这种图案的具体含意一直在猜测之中。我们根据《山海经》中的记载可知，某些地方曾有巫师"珥两蛇"的说法，因此有人认为人面鱼纹表现的是巫师珥两鱼，寓意为巫师请鱼附体，进入冥界，为夭折的儿童招魂。还有种说法是根据《诗经》《周易》中鱼有隐喻"男女相合"之义，以此推之，这人面鱼纹也应有祈求生殖繁衍、族丁兴旺的含义。再就是"图腾说"，古代人们大多生活在河湖两岸，以鱼为崇拜对象也是有理有据的。庙底沟类型的彩陶的图像中最引人注目的是绘制于陶缸上的鹳鱼石斧图，出土于河南临汝阎村。该图以写实手法所描绘的鸟、鱼及斧据说代表了鹳氏族兼并鱼氏族的历史事件。此外，在青海大通出土的马家窑类型的舞蹈纹彩陶盆，描绘了氏族成员欢快起舞的景象，堪称新石器时代绘画艺术的杰作。

据推测，是宗教或巫术的感召促使先人们不辞辛劳地创作了这些图像。类似的图像还可以在连云港孔望山将军崖岩画遗址中见到。这些史前绘画是中国绘画的源泉,标志着中国绘画艺术的开端,虽然这时候的绘画不是为了审美,但是这也是"无心插柳柳成荫",促进了中国艺术的发展。

史前时期(即有书面记载的远古时期,包括从早期猿人到夏朝建立这一时期)中国绘画诞生了,在秦汉时期便得到了比较好的继承和发展。先秦时期,随着社会进入青铜文明时期,绘画也得到了长足的发展。在之前的史前时期,虽然出现了绘画作品,但是大部分都没有保留下来,究竟绘画水平如何,不能用仅存的几件作品来下评论。历史的车轮进入青铜器时期,绘画摆脱了陶瓷,人们在商代王室的墓葬中发现了很多的木质品上的漆画残留部分。可见,当时已经出现了用漆作为颜料绘制器物的现象了,常用的黑、红两种基本色的并置形成了强烈的对比。据说,那时的漆绘制品经常是与铮亮的青铜器以及白色的陶器摆在一起的,极富观赏性。随着绘画艺术的发展,绘画的用途也在增加,先秦时期的绘画作品已经不单单是用于巫术和祭祀了,而是增加了观赏、审美的作用。人们在殷墟也曾发现过建筑壁画的残块,以红、黑两色在白灰墙皮上绘出的卷曲对称的图案,颇有装饰趣味。

在长沙的楚墓中曾经出土了两幅战国时期的帛画,距今已经有几千年的历史了。其中一幅是《人物龙凤图》,描绘的是墓主人的肖像,女主人的形象十分苗条纤细。这幅画和当时的社会有一定关系,据说当时的楚王很喜欢细腰美女,于是当时就以腰细为美,女子们纷纷减肥,想博得男子的喜爱。当时还流行一句诗"楚王好细腰,宫中多饿死",可见帝王的爱好对社会的影响力有多大。另一幅画的是一位男士,叫作《人物御龙图》,图中的男士是高帽长袍的士人装束,驾驭着一条巨龙,威风八面。这两幅画已经有了线条美,彩陶文化已经与之不可同日而语,这也标志着中国传统绘画艺术的正式成熟。

## 自觉的时代

中国绘画经过先秦及秦汉时期的发展，已经初步成熟了，而且出现了多样化的绘画风格。到了魏晋南北朝时期，社会进入了一个大分裂时期。纷乱的社会环境使秦汉流传下来的文化观念遭到了分崩离析的破坏。但是任何事情都有两个方面，有好也有坏，在传统观念被打破的同时，有新的思想传播到魏晋。在那战火纷飞的年代，知识分子们有心救国，却心有余而力不足。知识分子开始反思社会，反思文化，于是兴起了一种以文人士大夫为主体的个人主义精神。与此同时，佛教的传入也影响着当时的知识分子们的思想。这时正好是印度的佛教传入中国的时候，佛教在这片精神世界混乱的土地上迅速萌芽成长起来。与此同时，佛教绘画和西域画风也开始流行。中国的绘画史得到了丰富。

这个时期，文人墨客的精神世界已经完全颠覆了，再也不是单纯崇尚儒家思想的时候了。文人纷纷要求"穷则独善其身"，他们对政治的失望，致使他们将更多的精力花费在自己的兴趣爱好上。"魏晋风流"或者说是"魏晋风度"就产生在这个时期，最具代表性的就是"竹林七贤"的活动。他们满腹才华，但是社会的黑暗掩盖了他们的光芒，于是他们将满腹的愤懑发泄在"醉生梦死"里。纵酒享乐是当时的时尚，其实"乐"这个字一点儿都不适合他们，因为他们生活在貌似潇洒的世界，但是内心的痛苦是无人能够体会到的。阮籍"穷途之哭"，嵇康写《与山巨源绝交书》，刘伶"以天地为栋宇，屋室为裈衣"等，他们的诸多行为都表现出他们不受儒家礼教的约束、放浪形骸的精神。当时的文人其实大多都是这种状态，只是没有他们的艺术成就高而已。可想而知，当时的绘画艺术也是很潇洒随意的。魏晋时期出现了人物比较裸露的作品，甚至是人物半裸着的人物画，这也是对我国美术史审美方面的一个发展。

东晋时期，陶渊明是最具影响力的人之一。陶渊明是众人皆知的耿直之臣，"不愿为五斗米折腰"，高唱"归去来兮，田园将芜，胡不归"，他向世人描绘了精美和平、与世无争的"世外桃源"，其实也是将自己内心理想的世界描绘出来。陶渊明是东晋时期有名的诗人，满腹才华，但是他的仕途十分不顺，官职不高还屡遭贬谪。在彭泽县令的职位上，他再次展示出正直的性格特点，为了不向乡里的小人低头，他选择了辞职不干。

潇洒如他却选择了孤独寂寞，但是他内心真的寂寞吗？应该不是的，从他的诗文中可以看出来他很喜欢隐居的生活，将自己从小的志向深埋心中，免得受到当时社会的玷污。当时的文人面对污浊不堪的社会，都将自己的理想生生咽下去，不是想活得行尸走肉，而是不想增加自己的痛苦。魏晋名士绝口不提政事，更崇尚"越名教而任自然"，文人墨士聚在一起讨论诗文、音乐等，因此艺术在这一时期到了一个自觉的时代。

文人士大夫的介入，有力地提升了绘画的文化品位，使得本来属于工匠之事的雕虫小技，从此成为士大夫的修身养性之道，成了高雅的文人乐事。而且这一时期的绘画增加了许多主题，不再是单纯的人物画像，卷轴画得到了突破性发展。绘画再也不是在陶瓷或者木制品上的装饰品，开始成为表情达意、抒发自我的高级文化娱乐形式，脱离了手工业的绘画成了真正意义上的艺术，成为文人画的开端。

## 审美的引领

众所周知，唐朝是我国历史上最为繁盛的时期。隋、唐的统治，结束了中国历史将近400年的分裂局面。政局稳定，经济复苏，人民得以休养生息，一派欣欣向荣的景象。对于知识分子而言，思想开始从高压之下解放出来，获得了相对自由的权利。另外，当时中国与国外的文化交流频繁，带来了各种新鲜的血液，文学艺术十分繁荣。到了唐玄宗李隆基的开元年间，更是达到了巅峰状态，史称"开元盛世"，是整个中国历史上最强大、最隆盛的时期，当时的中国是全世界政治、经济和文化的中心。

在这样的社会形势下，中国传统绘画进入了人才辈出、佳作无数的鼎盛时期。

提到唐朝的绘画艺术，首先要说的就是唐太宗的御用画家阎立本，他的大部分作品，都是遵奉唐太宗的旨意而创作的，无非歌功颂德、劝善惩恶之类，与汉代的礼教绘画一脉相承，都是为统治者的教化服务。唐朝是统一的王朝，经过唐朝初期的发展，政治开明，经济繁荣，思想开放。文人们不再像魏晋时期有口难言，而且随着所处的时代越来越好，人们形成了乐观积极的生活态度。礼教画就是在初唐时期得到了发展，阎立本是这一时期的杰出代表。

阎立本在绘画上最拿手的是人物画，远远超出了前代的绘画成就。传说，有一次，南山上出现了一只猛虎，当时的人称为"大虫"，经常祸害百姓，唐太宗就派人为百姓们除害，但是派去的人惧怕老虎的凶猛，没有将其擒获。这时一个叫王元凤的人自告奋勇地去为民除害，他一箭就将老虎射杀了。唐太宗很是欣赏他的威猛，对他大加犒赏，并且要求自己的御用画家阎立本为这次事件画画，记录下来供后人传颂。阎立本接到旨意很快就完成了绘画，画上的人物栩栩如生，老虎的凶猛、王元凤的威猛，以及随从的神情都被展现出来，就像是那个场景的再现，看到这幅画的人无不惊叹。阎立本的美名传播天下，他最有代表性的作品是《步辇图》和《历代帝王图》。

《步辇图》描绘了贞观年间，吐蕃（今西藏）赞普松赞干布派使者到长安见唐太宗，迎娶文成公主的故事，图卷形象地记载了汉藏两族和同一家的重大政治事件。画面上，唐太宗雍容威严而又温和，使者风尘仆仆而又彬彬有礼，线描浑厚刚劲，着色厚重扎实。对于不同人物的身份地位和性格特点，阎立本通过体形大小、服饰、容貌、神情的区别，给予鲜明得体的处理。

《历代帝王图》则分段描绘两汉至隋代的13位帝王像，凡是开国创业的英明君主，都重在表现他们的貌宇堂堂，而凡是丧权辱国的昏庸君主，都重在表现他们的萎靡不振，其政治鉴戒的意图非常清楚。

与阎立本并列为初唐绘画界的才子的还有吴道子。吴道子同样善于人物画，他的一生，主要从事宗教绘画的创作，作品很多，仅在长安和洛阳所画的寺观壁画，就达到300余堵。他笔下的人物形象不再是西域或者印度等外来人种的面貌，而是就地取材，以所处时代的人物为主要绘画对象，在推动外来佛教绘画的民族化、确立传统绘画的民族形式方面，做出了杰出的贡献。吴道子还在线条和色彩等方面做出了改变，创造出了自己的风格。后世把他与顾恺之、陆探微、张僧繇并称"画家四祖"。更有人以他为"画圣"，以表示他千古独步的至尊地位。

吴道子的佛教绘画的确拥有至尊无上的地位，无论是在当时，还是在后世，吴道子的佛教绘画都被认为是一种标准和法式，史称"吴家样"。

随着唐朝在政治经济方面的繁盛，绘画也达到了全盛阶段。强盛的唐朝绘画逐渐不再重视礼仪教化，而转向华丽、内容庞大的宫廷画。绘画从初唐的政治事件描绘转为描写日常生活，造型更加准确生动，在心理刻画与细节的描写上超过了前代的画家。其中以韩干、张萱、周昉为突出代表，以韩干的成就最高，但是张萱的绘画最能体现当时的社会风气。

张萱生活在开元、天宝年间。当时的统治阶层普遍地沉湎于歌舞升平之中，社会风气可以说是荒淫骄纵。张萱的《虢国夫人游春图》以绘画的形式形象地展现了杨贵妃姐妹及侍从等人骑马出外游春的豪华场面。画面色彩华丽，场面铺张煊赫，把贵妇人玩赏春光的排场渲染得淋漓尽致。所有美人都是丰肌硕体，完全符合"长安水边多硕人"的诗意，这与汉魏晋六朝崇尚清瘦秀丽的审美情趣迥然相异。

在唐玄宗时代，贵妃杨玉环引领了多年的审美时尚。因为杨玉环是个胖美人，所以，体型丰满庞大成了衡量美女的一个标准。这与汉朝恰好相反，汉朝喜欢纤瘦的美女，是由贵妃赵飞燕引起的。历史上说的"环肥燕瘦"就是指以上所说的情况。唐朝的这种审美观点，一方面与人们接受了西域和外族文化相关。另一方面，这在一定程度上也体现了一种更为健康的审美观。这与唐朝的社会精神是一致的。在《虢国夫人游春图》的画面中，不但人是如此，连马也是膘肥体壮，与韩干画的马完全一致，足见当时的风气。

绘画的发展虽然和时代有着千丝万缕的关系，但是唐朝的绘画貌似与时代的关系更加亲密。唐朝在经历"安史之乱"后，逐渐衰微，绘画受到一定的影响，描写对象转向山水、鸟兽等自然物。

生活在中晚唐的王维，不仅是我们所熟知的诗人，同时也是一位成就不凡的画家。"安史之乱"以后，王维栖隐蓝田，信仰佛教，专心诗文，诗风平淡而深邃，诗歌成就不可企及，是中国诗歌史上山水田园诗的典范。王维的山水画，喜欢用水墨来展现内心世界，画中有诗，意境深远。明代书画家董其昌尊王维为"南宗"之祖，是中国绘画史上文人山水的旗帜。可惜，王维的画迹一件也没有流传下来。失落的画作、传奇的人生，为王维增添了一种说不尽、道不明的气息。他的"诗中有画，画中有诗"的高致，成了后世文人梦寐以求的境界。山水画在唐朝得到了真正的独立，从此脱离了人物画而成为独立的艺术形式。

处在唐宋之间的五代十国时期，由于战争的干扰，书画艺术黯然失色，只有西蜀和南唐，由于远离中原，偏安一隅，再加上得天独厚的自然条件，所以经济、政治上像世外桃源一样，与当时破败的大形势形成鲜明反差。两国的君主又雅好文艺，所以，在继承唐代传统的基础上，绘画艺术得以继续发展，也为宋代绘画的高度繁荣准备了条件。

## 师诸造化的范宽

宋朝的绘画延续了唐朝五代的各种形式，而且都得到了一定的发展，但是宋朝最突出的是山水画的发展。为山水画做出杰出贡献的就是宋初的范宽。公元2004年，美国《生活》杂志将范宽评为上一千年对人类最有影响的百大人物第59位。

范宽，原名范中立，生活在宋朝初期，性格宽厚，不拘礼法，被众人称为"宽"，因此就自名"范宽"。范宽最擅长山水画，曾经向荆浩、李成学习过绘画。但是后来范宽认为"与其师人，不若师诸造化"，于是就移居终南山、太华山中，长期与大自然为伴，观察山气变化，将大自然尽收胸内，终成一代大师。

范宽的山水画多取材于其家乡陕西关中一带的山岳，雄阔之美，笔力浑厚。米芾对范宽的绘画风格曾作过这样的描述："范宽山水丛丛如恒岱，远山多正面，折落有势。山顶好作密林，……晚年用墨太多，势虽雄伟，然深暗如暮夜晦暝，土石不分。"范宽善用雨点皴和积墨法，以造成"如行夜山"（《宣和画谱》）般的沉郁效果，衬托出山势的险峻硬朗，元朝人汤垕星评价称"范宽得山之骨法"。

自宋朝开始，范宽就是画家们学习和模仿的对象。南宋的李唐好学范宽，其后又有马远、夏圭等人学习李唐，使得整个南宋时期的山水画几乎全部出自范宽一系。后人将范宽与李成、董源二人合称"宋三家",之后的"元四家"、明朝的唐寅,以至清朝的"金陵画派"和现代的黄宾虹等大师,都受到范宽画风的影响。

在五代和两宋时期,除了山水画之外,花鸟画也是欣欣向荣的,成绩并不在山水画之下。花鸟画作为玩赏的对象,比之山水,拥有更为广泛的爱好者,下至庶民百姓,上至帝王显贵,无不喜爱。对于庶民百姓来说,花鸟画亲切自然,不同于高深古怪的山水之类,易于接近。对于统治者来说,工笔设色的花鸟画,自然是最适合于"粉饰大化,文明天下"的一种艺术形式。而对于文人士大夫来说,水墨写意的花鸟和小景致,轻巧方便,顺手拈来,便于随时操作,便于随时抒发他们孤芳自赏的心态与情怀。

五代花鸟画风朝两个方向发展:一个是以黄筌父子为代表的工笔设色的方向,力求细致华丽,对象多为珍禽瑞鸟、奇花名葩,气象富贵,所以称为"黄家富贵";另一个是以徐熙为代表的水墨写意的方向,力求突出笔和墨本身的表现力,多用水墨淡彩,对象多为汀花野竹、水鸟渊鱼,有野逸之风,世称"徐熙野逸"。无论是"野逸"还是"富贵",在艺术上都很成功,一直左右着两宋乃至整个中国花鸟画史的发展。

宋朝是文人的天下,文人得到了很好的待遇,因此表现出"富贵风"不足以为奇,但是徐熙为什么独辟蹊径以"野逸"为主题呢?徐熙本来也是江南显赫的世族出身,但因在权力斗争中失败,所以只能寄身于风雅,以绘画自娱。徐熙自创"落墨"法,其程序是先用或浓或淡的墨笔,连勾带染地画出花鸟对象的形态和轮廓,然后再在个别地方略微地点染一些颜色,色彩与墨迹互相掩映,别开生面。这种"落墨"法,实际上就是后世的水墨写意画的雏形。当时,很多人认为他的成就在黄筌之上。有人把他的作品送到画院,画院的主持人黄居采怕徐熙的画影响到自己的地位,便斥之为"粗恶不入格"。在这样的形势下，徐熙的儿子徐崇嗣不得不改变家传的"落墨"法，而去仿效"黄家富贵"的作风，不用墨笔，直接以彩色点染而成，史称"没（读mò，为隐藏、消失的意思）骨法"。

宋朝的山水画和花鸟画都发展到了比较成熟的阶段，产生于魏晋时期的文人画在宋朝时也得到了一定的发展。文人画画家以苏轼和文同最为出名。文人画注重的是画的意境美。文同，字与可，今四川人。他曾自述道："我是学习大道还没达到最高境界，心情不好的时候无从排遣，所以通过画墨竹来抒发心情。"官场上的失意导致心理上的抑郁，所以，他要借助于描画墨竹来寄托心意。他认为，要想画好墨竹，就必须通过对生活的细致观察和体验达到"胸有成竹"。我们今天所说的"胸有成竹"，就是从文同那里来的。文同的所谓"成竹"，不仅仅是要熟悉竹子的形象，更重要的是对于"竹的精神"的感悟和体会，执笔之前，要仿佛看到自己所要画的形象隐隐地出现在画面上，于是能一气呵成。在技术上，不需要特别讲究，而纯粹是以书法的笔法、墨法来写意。

综观两宋的绘画，所有画科都获得了相当大的发展。工笔设色的画体达到了历史的最高水平，其成就空前绝后；而水墨写意也打开了局面，出现了一些杰出的画家和理论家，为后世的画家铺开了广阔的道路。

## 文人画的特殊性

北方的蒙古族打败南宋，统一全国江山，建立了元朝。元朝统治者对汉族的文化艺术持歧视的政策，这在汉族知识分子的心理上造成了很强的抵触情绪。这种抵触情绪，反映在绘画方面，就是文人画的鼎盛局面。

元代文人画的鼎盛，以遗民画为先导。所谓"遗民"，是指在改朝换代的历史事变中不与新王朝合作的知识阶层。元朝在中国历史上，是个特殊的朝代，是以北方的少数民族取代宋朝的正统政权。这对于深受儒家大汉族主义影响的文人士大夫来说，便感到无法接受。他们在国破家亡的耻辱和痛苦中恪守民族气节，反映在绘画领域，便是遗民画的崛起，以愤恨哀怨的笔墨，抒写强烈不屈的精神。

元代的文人画相对于宋代有了更新的发展，元代画家扩大了绘画的范围，而且在布局上更加用心，还有一大特点是元代的画作普遍有了题诗的现象。所以相比于宋代的文人画，元代的文人画更成为后世所景仰的典范。文人画的代表人物有很多，但是最著名的就是赵孟頫。

赵孟頫，字子昂，号松雪道人，是元朝乃至中国古代最杰出的书画家之一，也是古意派的代表人物，成就要超过钱选与何澄等人。赵孟頫是宋朝皇族的后裔，南宋灭亡后，曾在元朝担任各种显赫的官职。一方面，汉族人对他与外族人合作表示不满，有些文人更是以他为小人；另一方面，蒙古族统治者中又有不少人对他持猜疑的态度。这两方面的压力，使他深感官场的险恶以及人生的进退维谷。于是，他把自己的精力充分地发挥到了文艺的创作之中，来寄托苦闷的心情。

赵孟頫是个通才。他有政治才能，文笔优秀，还精通音律，擅长书法，精于绘画。单以绘画而论，人物、鞍马、山水、花鸟，无一不精，无论是工笔还是写意，无论是水墨还是设色，无所不能。他不仅擅长创作，更在理论上有重要的建树。在中国文化史上，像他这样具有多方面成就的人物，实在是非常罕见的，恐怕只有宋朝的苏轼可以一比。

赵孟頫因突出的能力与贡献，再加上他特定的地位、广泛的交际，所以成了元代画坛公认的领袖。在整个元代画风的确立上，赵孟頫起到了不可替代的作用。

对于绘画，赵孟頫主张"古意"。所谓"古意"，就是要摆脱南宋以来过于细腻绚丽，以及过于刚劲粗放的作风，而是学习北宋以及更早的唐代和魏晋时代的古老传统，力求创造一种简单纯真、典雅文静的中和之美。赵孟頫的传世作品有《红衣罗汉图》《秋郊饮马图》《浴马图》等，线条凝重稚拙，用色静穆柔和，虽然构图严谨，刻画工整，却毫无雕琢的痕迹，看上去确有汉唐风度，"古意"盎然。

　　元代的山水画和花鸟画也得到了一定的发展，但是元代文人不屑于宋朝的粗鄙，没有继承宋朝的作画风格，也没有创作出自己的风格，这两方面的画作处于一种停滞不前的状态。元代绘画并不是在所有领域都获得了非凡的成就，但仅仅是文人画，已经足以使元朝成为中国画史上非常突出的一个朝代。

## 清画坛的流派

　　明清崇尚宋朝流传下来的绘画之风。在绘画方面，明清两代，除了继承元代以前左右绘画创作风气的宫廷贵族和文人士大夫两大传统的审美趣味之外，崛起的市民阶层的审美趣味，对于绘画史发展的影响之大，也是不能不令人格外关注的。受此影响，文人画的创作，虽然在笔墨技法形式上还沿袭着宋元以来的传统，但文人画家的创作心态与目的，已经有了非常大的变化。一些无意或无能进入仕途，但又无法去"归隐"田园的文人，就把出卖书画作品作为生存和生活的方式。因为创作心态与目的的改变，所以，他们的艺术就从超脱隐逸，转变为迎合世俗，从脱离群众到投身大众，创作的目的不再是为了自娱自乐，而是为了以画谋生。

　　另外，除了文人画家自己的心态产生变化以外，在这一阶段，一些经济实力强大的商贾阶层，需要通过附庸风雅以改变自身的社会地位和社会形象。古语所谓"富贵近俗，俗中带雅可以资生；贫贱近雅，雅中带俗方能处世"，于是，文人和商贾的结合，导致了画坛雅俗共赏的风尚。随着画的发展，出现了更多形式的画作，而每个人都有自己的喜爱，崇尚某个画派的人聚在一起就形成了一个个画派。明清时期的画派主要有"吴门画派""浙派""华亭派""清初四僧"等。

在明清两朝的绘画史上，以戴进为代表的一批浙江籍的职业画家，是首屈一指的画派，史称"浙派"。

浙派画风，以南宋院体的刘（刘松年）、李（李唐）、马（马远）、夏（夏圭）为榜样，在笔墨上，以粗豪劲利的特色取胜。浙派是个非常广阔的概念。当时，以吴伟为代表的"江夏派"，因为在传统师承和笔墨特色上与以戴进为代表的浙派完全一致，所以也被包括在广义的浙派范围之中。

浙派在明代前期非常兴盛，并且受到统治者的青睐。浙派中的很多画师进入到宫廷之中，成为宫廷画师，并被授以锦衣卫官职，是宫廷绘画创作的主要力量，所以，画史上又往往称浙派为"宫廷派"。当时的宫廷绘画趣味与前朝相比，是比较特别的。无论是五代还是唐宋，所谓宫廷绘画，都是偏向于绮丽萎靡，与粗豪奔放的画风相反；不过，在明清的宫廷绘画中，倒是粗豪的画风占了上风。

总的看来，浙派画家与画风在当时虽然既有名声又有势力，但是成就却不是很大。当时的文人画家虽然很低调，甚至是自甘堕落，但是仍然在摆脱名利的状态中平静地进行创作，虽然名声和声势没有浙派和宫廷诸画家来得大，但是论艺术成就，并不在他们之下。

文人画作为中国传统文人的一种表达方式，自从产生以来，就一直伴随在文人左右，始终未曾消失。在明朝初期，因为它没有新的创意出现，甚至反而有所退步，所以其成就也就不太引人注意了。后来，沈周开创了著名的"吴门画派"，文人画才得以复兴。所谓"吴门画派"，是以合称"明四家"的沈周、文徵明、唐寅、仇英为代表的一批苏州画家，苏州在当时被称作"吴地"，所以就叫作"吴门画派"，或者简称"吴派"。

"明四家"是吴派的典型代表，其代表人物沈周、文徵明、唐寅、仇英中，前三位是真正的文人，仇英是一介画工，但是以画工的身份跻身"明四家"，可见他一定有可以说服众人的才华。

首先说吴门画派的领袖人物沈周，其人忠厚平和，易于交往，无论是达官贵人，还是平民百姓，他都一视同仁，以礼相待，所以广结善缘，颇受欢迎。因此，吴派画家中的许多人，无论是他的学生，还是他的朋友，都直接或间接地受到过他的指导和影响，于是他成了公认的吴门画派的领袖人物。

沈周以山水画的成就最为突出，传世之作者《庐山高图》，其次是花鸟。他的绘画，笔墨凝练而厚重，恢宏而敞亮，质朴得似乎有些木讷。其笔锋微秃，用笔平直，很少婉转，在貌似平易中显示出倔强的个性。他的花鸟画，同样是变流丽为朴实，变飞动为凝练含蓄。对于前人古法，沈周遍采众长，尽可能融合各家风范，争取把山水、花鸟等不同画科的画法都融会贯通起来，找到一种适合于各种画科的方法，争取以一法而贯众法，这是沈周于文人花鸟画上的一个创举。

沈周之后的吴派领袖，是沈周的学生文徵明，也是苏州人。文徵明于人物、山水、花鸟各科全部擅长，尤其以山水的成就最大。其画风初学沈周，再上追董源、巨然、赵孟頫、"元四家"，字赵孟頫用功尤深。

文徵明是当时的"江南四大才子"之一，位于首位的唐寅（唐伯虎）相信大家更加熟悉，他自称是风流才子，民间还流传着他与秋香的爱情佳话。虽然在当时的画坛上，唐寅并非霸主，但是就绘画的艺术成就而言，他是在沈周和文徵明之上的。沈周和文徵明是规行矩步、拘谨刻板的正人君子，唐寅却冲破藩篱，豪放不羁；沈周和文徵明都是稳健的描写，唐寅却是笔墨与情韵并茂的挥洒。

唐寅善画仕女，有水墨画《秋风纨扇图》《孟蜀宫妓图》等传世。画中人物是汉成帝的妃子班婕妤，讲述她年老色衰，皇帝的恩宠不再的故事。人物形象细腰削肩，细眉小眼，整体造型纤细优雅，但是在文雅之中蕴含着一种浓重的市井气息。这种风格，与唐代的绮罗仕女画判然不同。这种风格的仕女画，作为一种典型的图式，是由唐寅确立起来的。由于它适合了社会的风尚，所以从此之后，竞相仿效者非常多。

唐寅的山水画，线条多细长，略有打滑，显示出其用笔的流丽。而用笔的流动和风姿，正合于其横溢的才子性情。烘染的墨彩，特别明洁滋润。不过，由于他不追求浑厚苍茫的效果，所以画作略有单薄之嫌。

唐寅的花鸟画，笔墨简练，造型概括性强，主题更加突出。他采用飞动的笔墨，作粗放的写意，但是在洒脱的笔画之中，构图又是非常严谨的，更富有诗情画意。水墨写意花鸟画，在唐寅的手里，可以说是开辟出了又一新的境界。

唐寅的绘画涉及各个方面，成为当时绘画界的一种风尚，也为中国绘画注入了许多新鲜血液。

"明四家"中的另外一位仇英，虽然画作略显市井之气，但是他在山水画方面的成就是高于其他几位的。

明清时期还有一些小的画派，他们都有自己的创作风格。

## 妙画通灵顾恺之

顾恺之，魏晋时期著名的画家。魏晋时期虽然是个乱世，但这个时期也出现了许多杰出人物。顾恺之生于这个时代，没有感叹生不逢时，因为他懂得适应那个大的社会背景，他学到了"痴"这个字的精髓。下面通过一件事来说说他的"痴"。

顾恺之善于画画，因此有很多作品，而且当时他已经有很高的声望。有一次，他将自己的作品封在了一个橱子里，存放在桓玄处，桓玄"监守自盗"，将他的画全部偷走，只留给顾恺之一个空盒子。顾恺之看到那个空空如也的盒子，没有丝毫愠色，却脱口说："妙画通灵，变化而去，亦犹人之登仙。"他明明知道画是桓玄偷走的，却编这么个理由来说服自己。因为桓玄有钱有势，顾恺之选择自欺欺人是最好的解决办法。

顾恺之纵然对当时的社会是万般无奈，但是他还有可以尽展自己绘画才能的舞台。顾恺之曾经以自己的一幅画，为寺院筹集到了百万钱。

东晋司马丕时期，京师要修建瓦官寺。寺里的僧人们请来了达官贵人来寺里敲钟祈福，并让他们为寺庙布施捐献。但是这些人都很吝啬，这时顾恺之走上去写下了百万这一惊人的数字。但是当时顾恺之只是一个穷士阶层，怎么看也不像能拿出这么多钱的人。顾恺之却胸有成竹地对寺僧说，寺院只要留一面墙让他做主，筹到百万钱就不是问题。寺僧看着信誓旦旦的顾恺之，只能选择相信他。顾恺之得到同意后，在寺院的一面墙上开始作画，仅用了一个月的时间便画了一幅维摩诘画像，到最后要为这幅画点睛的时候，顾恺之请人们来欣赏，第一天来看的人要施舍十万，第二天来看的人要施舍五万，第三天的随意。据说开门的一刻，那维摩诘像竟"光照一寺"，人们看到这神奇的一幕，纷纷布施，不一会儿就筹到百万钱。

顾恺之善于人物画，大才子谢安曾经评价他的画"苍生以来未之有也"。顾恺之最有名的画作是根据曹植的《洛神赋》创作的《洛神赋图》。顾恺之的画作闻名全国，对我国绘画史做出了突出贡献。

## "画圣"吴道子

唐朝的吴道子，有"画圣"之称，他的画有"吴带当风"之说。吴道子生于一个贫穷的农家，从小就显现出绘画方面的天赋。

少年父母双亡的他只能出外谋生,在途中经过一座寺庙,名"柏林寺"。他不由自主地走进寺院,透过门缝看到一个老和尚正在专心致志地作画。他出于好奇,在旁边看画看得出神了,直到那个老者放下画笔,才清醒过来。老者看到他这么专心地看他作画,甚是欣慰,于是想收他为徒。吴道子听到这个消息兴奋不已,当即拜师。随后老者对吴道子说,他想在一面墙壁上画一幅《江海奔腾图》,但是苦于找不到画的感觉,屡试屡败。于是老者就带着吴道子去全国各地看江河湖海奔腾的样子,并在途中教他画水。老者天天让吴道子画水,开始吴道子很认真,后来有些烦了。老者看到他的表现,就拿出自己画的一叠画,里面居然是一张张水滴、水流等最没技术含量的画。吴道子心想,师傅都能从点点滴滴做起,我有什么理由不好好画呢?于是吴道子开始发愤图强,即使刮风下雨也到海边看波浪,并用心将它们记录下来。

他们在外写生三年后回到了寺院,但不幸的是,老和尚回来的第二天就生病不能下床了,但是心里仍然牵挂着那幅还没开始画的画。吴道子看到师傅期待的样子,就主动要求由他去完成那幅画。从此,吴道子吃喝都在寺庙,一边照顾师傅,一边画画。经过九个月的时间,他终于完成了那幅画。他走到师傅床前,告诉师傅这个消息,师傅病情明显好转,下床和全寺僧众一起去看吴道子的作品,当他们推开门看到那幅画时,都惊叹不已。吴道子的那幅画,给人的感觉仿佛自己就在海边,还能听到波浪起伏的声音。

吴道子成功了,他没有令师傅失望,他的"处女作"得到了所有人的肯定。吴道子开辟了我国绘画史上山水画的先河,这段经历为他山水画奠定了厚实的基础。

吴道子是个全能型的画家,不仅山水画画得好,人物画也以线条美著称于世,他的鸟兽画在当时也属于一绝。有一天,吴道子到一个寺院借宿,和那里的方丈很谈得来。方丈知道他是吴道子后,邀请他为寺院画一幅壁画，吴道子欣然答应了，之后便在墙上画起了《立马图》。随着吴道子的笔墨所到之处，一批活灵活现的马逐渐展现在大家面前，大家都为之惊叹。画到马尾处，吴道子突然感觉胸闷，便搁下画笔到院子中透气、呕吐。僧人们见画师病得如此严重，就将他扶回房内。第二天，吴道子醒来觉得好多了，就准备下山，他自己忘记了马还差马尾没画完。他下山后，寺内的方丈将《立马图》挂在寺内，整天朝拜，他越看那匹马越觉得不对劲，最后发现是少了尾巴。但是吴道子已经走了，只能这样了。

吴道子走后不久，有一批村民上山来闹事，说是寺院的秃尾马糟蹋了他们的庄稼。方丈丈二和尚摸不着头脑，寺院明明没有养马啊，只能让村民在寺院内搜查，可是他们一无所获。后来方丈忽然想起吴道子画的那匹无尾马，便带村民来到画前观看，画中的马果然和他们在田里见的马一模一样。方丈确定是那匹马后十分生气，就想一把火将那幅画烧掉。可是还没等方丈拿起火把，画中的马突然跪了下来，眼角还有泪流出来，大家看到马悔恨的样子，都不忍心责备它。

这个故事虽然有明显的神话色彩，但是也充分证明当时人们对吴道子画的肯定。大家对这位大画家的画口口相传，不免增加了几分神奇的色彩。

吴道子是中国画坛上一位代表性的人物，将中国的人物画、山水画和鸟兽画都在前人的基础上有所发展和创新。

## 荆浩的笔法

　　荆浩生活于唐朝末年及五代十国时期，一生都处在动荡不安的社会环境之中。荆浩酷爱绘画，达到了百画不厌的程度。荆浩不仅集吴道子和项容之长，创造了笔墨并重的北派山水画，被后世尊为北方山水画派之祖，还为后人留下著名的山水画理论《笔法记》，标志着山水画的完全独立。《笔法记》通过"我"与一个老翁的互相问答提出了气、韵、思、景、笔、墨的所谓绘景"六要",是古代山水画理论中的经典之作。荆浩摹写松的故事一直流传至今,激励着一代代爱画之人。

后梁时期,荆浩为了躲避战乱的环境,潜心绘画,隐居在太行山洪谷地区,因此荆浩也自号"洪谷子"。太行山脉绵亘一百八十里,山势雄伟壮丽,幽深奇瑰,堪称隐居者的天堂。荆浩在这样的环境中,在享受躬耕之乐的同时潜心作画。有一天,他无意中来到附近的另一座山上,看到一个大岩石夹缝,处于好奇,他向夹缝中望去,居然看到了另一番景象:青苔遍地,怪石峭立,云烟迷茫,而古松尤其茂密多姿。荆浩看到这样的景象惊呆了,大喊"妙哉"。这片神秘的领地是大自然送给荆浩最好的礼物,自从他发现此地后,每天都会去那里写生,因为他想将这美丽用自己的画笔记录下来。而且荆浩去那里每天只画松树,画不同角度的松树、不同位置的松树、不同形态的松树。到最后他自己都不知道画了多少棵松树,画卷累积了有十本之多,这时他才觉得将松树的形神都画出来了。这就是荆浩摹写松的故事。

荆浩尤以山水画见长,也缘于他对山水画的精益求精精神。他不仅继承了前朝山水画的优点,而且弥补了以前的不足,创作出"有笔有墨,水晕墨章"的山水画。他的山水画还有一个特点,就是以全景见长,"大山大水,开图千里"的特点是荆浩对山水画的又一重大贡献。山水画在荆浩之前从来没有那么雄伟壮丽,他的画给人一种"以为天成"的错觉。元代时,有人称荆浩为"唐末之冠",后人对他的评价相当高。

## "胸有成竹"的文同

文同,宋朝大诗人、大画家,与苏轼是表兄弟。文同善于书画,画画尤其擅长画竹，成语"胸有成竹"就源自他的绘画故事。

文同是宋仁宗时的进士，曾出任过洋州知州。胸有成竹的故事就发生在洋州这个地方，因为这里生长着大片大片的竹子，文同又善于咏竹画竹，经常去那片竹林观察竹子。他不仅常去竹林，而且在住的地方也栽上了竹子，以便于观察。他认为竹子从刚刚萌芽到长到十余丈高时，始终是一个整体，所以画竹子也要一气呵成。文同观察竹子，从不放过任何细节：竹叶在各个时期的大小、竹笋从拱出土到长大的过程、风雨中的竹子等等。文同在不断观察竹子的过程中，逐渐在心中有了竹子的各种样子。他画竹的时候，一气呵成，还可以同时握两枝不同深浅的墨笔，同时画两枝竹子，而且竹子的形态不一，仿佛是真的一样。

文同以善画竹著称，主张成竹在胸再下笔，开创了浓墨为面、淡墨为背的方法，学者纷纷效仿，形成墨竹一派，他有"墨竹大师"之称，又被称为"湖州竹派"，开创了墨竹画法的新局面。文同对竹子有深入细致的观察，故其画竹法度谨严，同时，作为文臣，其作品又有着区别于职业画家的新意。《图画见闻志》说他的墨竹"富潇洒之姿，逼檀栾之秀"。《宣和画谱》则进一步指出其作品"托物寓兴，则见于水墨之戏"。

宋朝的另一位大画家苏轼，受这位表兄的影响，也对竹子有一份"痴情"。"食可以无肉，居不可无竹"，这是苏轼的名言，可见苏轼对竹子情有独钟。文同视苏轼为知己，交往甚繁，曾坦言："世无知己者，唯子瞻（东坡的字）识吾妙处。"苏轼也表示过与文同是亲厚无间："一日不见，使人思之。"文同还曾经赠给苏轼一幅《墨竹图》，次年正月，61岁的文同奉调出任湖州（今浙江吴兴）太守，不幸于二十一日病逝于赴任途中的陈州（今河南淮阳）驿舍。东坡得知噩耗，以手摩挲画册，挥泪不止。

## "风流才子"唐伯虎

想必大家对唐伯虎的名字并不陌生,著名的"唐伯虎点秋香"的故事广为流传。唐伯虎给大家的印象更多的是他的风流英俊,也许正因为如此,他才被大家封为"风流才子"。唐伯虎点秋香的故事是真是假,我们在这儿不做研究。我们主要看一下唐伯虎"才子"的一面。

唐伯虎是明代"四大才子"之一,他家庭贫困,上了几年私塾后就不得不在家里的酒馆帮忙。唐伯虎从小喜欢画画,辍学后仍然坚持,父亲同意他继续画画,如果有得意之作,就贴在店里。不久,墙上已经有几幅画了。有一天,当时的才子祝枝山到他们店里喝酒,看到墙上的画,很是赏识。第二天,祝枝山把当时的著名画家沈石田请到了店里,让他收唐伯虎为徒。沈石田看到墙上的画连连点头。但是沈石田收徒弟不仅看画工,还要考才能,于是他将唐伯虎叫出来,给他出了一个谜语:"去掉左边是树,去掉右边也是树,去掉中间还是树,去掉两边仍是树。"唐伯虎一边听一边思考,等他说完就说出了答案:"彬。"沈石田看到这孩子既聪明伶俐又有些画画的天赋,就收下他了。唐伯虎从此就和师傅一起潜心学画。有一定天赋的他学画很快,在众人的夸奖下有些骄傲自大。师傅看在眼里,疼在心里,但是没有明说。有一天,他们正在吃饭,师傅忽然让伯虎去把窗户关上,可是伯虎走到窗户前,手刚碰到窗户就呆住了。他发现那个窗户是师傅的一幅画,于是惭愧不已。

唐伯虎学成之后,画作繁多,尤以人物画和山水画著称,当时已经声名大振。有一次,唐伯虎在西子湖附近游玩,当时正值仲夏,他看到一个酒肆就进去喝了两杯酒。他喝完酒要付钱的时候,摸自己口袋时发现自己没带钱,于是他向小二询问可否赊账,下次来时还。小二永远是那句话,"小店利薄,概不赊账"。唐伯虎没有办法,环顾四周也没有认识的人，急得满头大汗，不由得去拿扇子扇风，拿起扇子时，他突然想到可以把扇子压在那儿。可是小二觉得扇子上什么也没有，不值钱，这个办法也行不通。后来他又想，何不在扇子上画上一幅画呢？于是他向小二要来笔墨，寥寥几笔，在扇子上勾勒出一幅画。他完成画之后开始在酒肆卖画，当时正好有一个富豪在场，他很不屑地拿过扇子，看了一眼，说唐伯虎分明是在骗人，并把扇子扔到了地上。

旁边的一个穷秀才捡起地上的扇子，反复地看，又仔细地看了一下唐伯虎，忽然很兴奋地说："难道你就是苏州第一才子唐伯虎？"懂行的秀才识出了唐伯虎的庐山真面目。唐伯虎默默不语，在场的人纷纷争着要买那把扇子，可是唐伯虎只卖给那个秀才，而且他只需要帮唐伯虎付了酒钱就可以了。这就是唐伯虎卖画的故事。

唐伯虎的画惟妙惟肖，他的画作题材广泛，挥笔自然，风格别具，雅俗共赏，深受志士仁人乃至庶民百姓的欣赏与青睐。

## 八大山人

朱耷，明末清初画家，由他的姓氏可以看出，它还是明朝的宗室。朱耷号八大山人，明亡后削发为僧，是清初画坛"四僧"之一。朱耷经历了朝代的更替，经历了亡国之痛，身在"他乡"，心中块垒无法抒发，只能将其入画，因此朱耷的画以写意画居多，而且成就不凡。

改朝换代后，朱耷成为清朝的百姓，但是他接受不了这一事实。朱耷在明亡后的很长一段时间内都是装聋作哑，一言不发。他还在自己经常拿的扇子上写了一个"哑"字，遇到看着不顺眼的人就把扇子打开。更甚的是，他在自己家的门上也写了一个大大的"哑"字，全部的话都装在自己的心里，无处诉说。在这十几年中，他更专心于绘画，精心研究，将自己的全部心里话付之于笔端。但是在他笔下出现的花鸟虫鱼几乎都是变态的、扭曲的。写鱼画鸟时，他总是在鱼鸟的眼睛上很下功夫，眼睛都不是我们平时所见的样子，而是被他夸大，有的甚至是方形的，眼珠永远在眼睛的左上方，眼白的面积远远大于眼球所占的面积。因此他的画总给人一种瞪视的感觉，尽显傲慢之色。这也许就是八大山人眼中的客观事物，他将自己的感情赋予了那些花草虫鱼。人们评价八大山人的画说是"画如其人"，可能这些"变态"的画正体现出他真正的内心独白。

朱耷的画向来都是以怪诞著称，他崇尚"少"，画中的笔画尽量少，但是他能做到少而不薄、少而不贫，虽然画中事物少之又少，但是给人留下的却是一个无限遐想的空间。这就是八大山人画的精妙之处。他的画还很注重写意，经常在画中隐藏不为人知的秘密。前面说他画的鱼鸟很奇怪，连他画的山石也不像平常画家画的那个样子。他笔下的山石是圆形的，上大下小，头重脚轻，像是蘑菇，而且他想搁在哪里就搁在哪里，从不考虑它是否能"站稳"。他画的树，老干枯枝，仅仅几个枝丫、几片树叶，森林中几万棵树中也挑不出这样的一棵来。他画的风景、山、光秃秃的树，东倒西歪，荒荒凉凉，果真有这么个地方，试想谁肯到这里来安家落户？八大山人从来不受现实的拘束，想到哪儿就画到哪儿，放纵自然，挥笔自如，情到之处必然是感人至深。

他画上的题诗、签名和印章就更让人捉摸不透了。例如他自号"八大山人"，解释的人很多，至今学者们还有不同争论。他有一方印章，印文刻作，有人说它是由"八大山人"四个字组成的，有的人则持慎重态度，称之为"屐形印"，因为它的形状像只木屐。至于他画上的题诗，许多句子更是令人难解。

八大山人的画达到了写意画的一个高峰，他的天马行空的思维令后人慨叹，八大山人作画可谓"如痴如狂"。

## 敦煌壁画

　　敦煌壁画是我国的宝贵的文化遗产，不知凝聚了多少代人的心血和精神。敦煌壁画包括敦煌莫高窟、西千佛洞、安西榆林窟共有石窟552个，有历代壁画50 000多平方米，是我国乃至世界上最多的石窟群。敦煌壁画与中国的国画有些不同之处，如内容方面，敦煌壁画的内容属于宗教艺术，描写的是神的形象、神的活动和神与人、神与神的关系等，通过这些内容来表达人们内心美好的愿望。敦煌壁画不是一朝一夕完成的，是经过了历代人的共同努力完成的，异中求同，它们有相同的风格，即民族风。

　　壁画，顾名思义，是在墙壁或者是崖壁上作的画。通过现有资料查证，中国最早的绘画是岩画。岩画和壁画有异曲同工之妙，本质相同，形式各异。绘画慢慢脱离了陶器和岩石，而壁画则继承了古代作画的材质，而且扩大了绘画的场面。壁画在先秦两汉时期乃至魏晋时期都是十分流行的。魏晋之前的壁画内容比较单一，可能就是中国神话中的人物。但是随着印度佛教的传入，壁画的内容逐渐丰富，并且壁画的水平也大大提高了。魏晋时期佛教传入中国，得到统治者的大力推崇，在中国很快盛行开来。随着佛教的传入，大量的寺庙和石窟开始建造，为壁画的发展提供了场所。寺庙由于年代久远和自然力量的摧残，大都没有保存到现在，但是石窟内的壁画却保存相对完整，使后代人得以观赏。

　　壁画兴盛于魏晋时期，到隋唐时已经成熟，形成了鲜明的民族特点。敦煌莫高窟的壁画大部分是隋唐时候的作品。魏晋时期尤其是魏朝，是中国历史上有名的民族大融合时期，文化交流比较频繁，佛教传入中国后，又有了更多的绘画素材和场所。

　　这一时期的壁画内容以感情外露的夸张人物为主，注重线条勾勒和晕染，明显是西域的民族风格。西魏后期出现了大量佛教壁画，但不是单纯的佛尊,而是融入了现实生活和鲜明的形象的壁画,还出了故事的连载,具有了情节性。这是对壁画的进一步发展。在魏朝时期的洞窟中出现了具有道家思想的神话题材。西魏249号窟顶部,除中心画莲花藻井外,东西两面八节扬幡的方士开路,后有人首龙身的开明神兽随行。朱雀、玄武、青龙、白虎分布各壁。飞廉振翅而风动,雷公挥臂转连鼓,霹电以铁钻砸石闪光,雨师喷雾而致雨。还有一种是供养人画像,就是信仰佛教并出资建造石窟的人。他们为了表示自己虔诚信佛,留名后世,在开窟造像时,在窟内画上自己和家族、亲眷、奴婢等人的肖像,这些肖像,称之为供养人画像。

魏晋时期的壁画风格多样,到了隋唐时期,壁画得到了进一步发展。在290、428、299号等窟里,都是以白壁为底,用流畅简单的线条勾勒出的佛法故事连载画。人物造型生动形象,栩栩如生,色彩清淡雅丽,一改先前浓重的色彩,虽然还略微保留着西域绘画晕染的痕迹,但是已经是汉族传统绘画的面貌了。

隋朝壁画作为一个过渡,早期作品与北朝相比,并无明显不同。晚期作品(如423窟)的线描和形象刻画手法较为多样,虽然描绘还有些拘谨,但较之早期则显得很放松。

唐代的经济繁荣为艺术的发展提供了较好的土壤,壁画在唐朝显现出兴盛之态。唐代的壁画素材异常丰富,有净土变相,经变故事画,佛、菩萨等像,供养人。内容不仅丰富多彩,而且更具变化性,人物的动作和表情都更有趣,更生动,出现了坐、立、行等各种姿势,表情也与社会生活融合,更加真实可信。初唐第220窟所绘形象完全是唐代气象。东壁画维摩诘经变,以壁门分为两个部分。一边是维摩诘向右倾斜着身子,神态专注,手还在比画着,似乎正在辩论。下有各国可汗、王子听法。另一边画文殊菩萨昂首端坐,神情较为高傲,下面是帝王正在听法。南壁是阿弥陀变,北壁是东方药师变。

窟内有贞观十六年（公元642年）题记，可知壁画作于公元642年。以上几个画面，充分体现了唐朝净土变画的特点：利用建筑物的透视造成空间深广的印象，复杂丰富的画面仍非常紧凑完整。画面中场面宏大，气氛热烈，色彩瑰丽，行笔流畅，已经是典型的唐代绘画。画面中的人物也是栩栩如生，维摩诘和文殊菩萨的形象自然生动，尤其是加上表情和动作，好像是要从画中走出来似的。壁画作品不拘形式，往往更具生气，更能表现美。

盛唐第172窟向我们展现了气势恢宏、技法娴熟的巨幅画卷。窟门南画普贤菩萨，门北画地藏菩萨、观音菩萨、文殊菩萨，门上方画一佛二菩萨。最为壮观的是，南北两壁各绘《西方净土变》，两侧各画《未生怨》和《十六观》。两壁《西方净土变》的题材相同，但画法不同，显然不是出自同一画工。

这幅画的布局比前代更加整齐有序，呈现出中心对称，上下分层的规则。设色也更加讲究，开始出现了中间色，使层次更分明。画衣纹和形象的线条飘洒自如，极富韵律感，表现出歌舞的飞扬和欢乐。画面恢宏的气势、缤纷的色彩、飞扬的歌舞和沉潜而浓烈的情感构成了一个灿烂辉煌的世界。这便是盛唐气象！

敦煌壁画的现实性还体现在它对供养人像的描绘上。如盛唐的《涅槃经变》《八王分舍利》等。更为重要的是，南北两壁供养人及其身后的随从这两个画面，是唐代人物画中的精品佳作。南壁画督都夫人太原王氏，其身后侍立诸随从，所取角度的3/4侧面，能充分展露出人物的姿态和风韵。人物形象具有很强的写实性，然而重点在于表现各女子的风度和韵致，设色朴素而明丽，描画工整而细润，恰到好处地实现了主题表达的要求。

北壁所绘男供养人像，选取的角度是相反的3/4侧面。设色及用笔均类似于南壁，只是描绘方法较为简单。供养人及随从或双手合十置于胸前或端着物品，上身微向前倾，全是恭敬虔诚的样子。

在卷轴人物画极少传世的情况下，敦煌130窟南北两壁供养人像，尤其是南壁女供养人像，代表了唐代壁画的最高成就，是唐代现存的为数不多的杰作。其存在价值还表现在，它可以让我们感受到当时绘于纸绢上的人物画的盛况。

敦煌壁画中有关山水风景的画也有一定的数量，这些都是探讨早期山水画的重要遗存。如盛唐第217窟《法华经变》中峰峦连绵起伏，远近层次分明，设色明朗，人马穿行于山间空地，树木虽较稀少，却也别具韵味。和同时代李思训的《江帆楼阁图》相比，此画多了些许欢快、活泼的成分，跃动着强劲的生命力。章法处理也很自然，特别是疏密关系、人与山的关系，极为和谐，克服了六朝绘画"人大于山"的弊端。

壁画在盛唐时期达到了全盛。中晚唐时期，壁画呈现出了一种下滑的趋势，敦煌壁画在内容和题材上仍然很丰富，但是其描绘风格却没有任何创新。这也说明了一个客观规律：一种艺术形式发展到顶峰的时候，就会毫无疑问地走下坡路，转而被其他的艺术形式或者艺术风格所取代。

## 诗中有画，画中有诗

诗与画有很深的渊源，可谓是一对"孪生兄弟"。中国的琴棋书画和唐诗宋词一样，都是一种艺术形式，只是画用的是一种线条、色彩等的形象思维，而诗歌用的是一种比较抽象的思维。

以王维的《终南山》为例："太乙近天都，连山到海隅。白云回望合，青霭入看无。分野中峰变，阴晴众壑殊。欲投人处宿，隔水问樵夫。"这首诗给人留下的不仅仅是几行文字，而是一幅雄浑开阔、变化万千的图画。这首诗是王维被贬到终南山的时候所作，将自己的主观感受赋予大自然中的客观事物。诗人以画家的艺术手法，描绘出终南山高耸入云、连绵起伏的雄伟，相当于绘画中的线条美；同时诗人还通过色彩的点缀，描绘出终南山的茫茫云海、青山绿水；最主要的是，诗人还通过自己的笔触描绘出终南山明晦变化的景色，充分显示出诗歌与绘画的密切关系，用宋代大文学家苏轼评价王维的话就是"诗中有画，画中有诗"。

　　画家经常以诗为绘画的表现内容，《洛神赋》是三国时期"三曹"之一的曹植写的赋。但是他肯定不会想到，在百年之后，唐朝的著名画家顾恺之根据他的这篇赋，画成《洛神赋图》，这幅画成为顾恺之的得意之作。曹植选择用神话来寄托他失去自己心爱的女子之后的悲痛之情，借助具有隐含抒情功能的诗句，表现出一位美丽多情的女子，抒发自己对她的爱慕之情。而顾恺之则以画来表达，强调了神话色彩。他把洛神婀娜多姿、衣带飘忽、欲去又来的依恋神情表现得淋漓尽致。顾恺之以他丰富的想象力和表现力，将《洛神赋》的内容表现得淋漓尽致，并且使诗歌的内容转化成线条美和色彩美，从而更加形象可感。像这样根据诗歌创作的画作还有很多，充分显示出诗和画的密切关系。

　　诗和画的关系不仅是"诗中有画，画中有诗"，还有一点是因为它们有相通的地方。中国古代的诗画艺术追求的都是"意境"二字，虽然说起来是简简单单两个字，但是要想达到这两个字的境界就没那么容易了。"意象"是凝聚艺术家主观情思的，有着审美意味和文化内涵的客观外在物象。中国画提倡不拘于写物的形似，特别崇尚"妙在似与不似之间"。画家笔下的世界是寄托着他们丰富的思想感情的，因此他们笔下的景物只是他们对人生的反思和认识的载体。

　　中国的诗歌追求的东西和这个也是相似的，诗歌追求的也是意境美。陆游的《卜算子·咏梅》："驿外断桥边，寂寞开无主。已是黄昏独自愁，更著风和雨。无意苦争春，一任群芳妒。零落成泥碾作尘，只有香如故。"这首词没有一字字直接描写梅花的风姿，取其神而不取其貌，但是字字句句都在写梅花的高尚品格和苍劲的气节，看似咏梅，然而又是在以梅自喻，也就是我们所说的"神似""不即不离"，所以比其他单纯咏梅的诗词境界更高了。元代马致远的《天净沙·秋思》："枯藤老树昏鸦，小桥流水人家，古道西风瘦马。夕阳西下，断肠人在天涯。"其中，"枯藤""老树""昏鸦""小桥""流水""人家""古道""西风""瘦马"就是典型的意象，这些事物身上担负着作者深沉的感情，所以它们是活的，而不是死气沉沉的。诗人用这么多意象共同烘托出苍凉悲凄的色调，把"断肠人"的羁旅之愁表现得淋漓尽致。这就达到了一种秋思的意境，能使更多的读者被他的作品吸引，从他的作品中找到共鸣。诗人兼画家的王维在《为画人谢赐表》中有言："乃无声之箴颂，亦何贱于丹青。"他将丹青之作喻为"无声之箴颂"，已注意到诗画相通。

中国的古典艺术有"写意"的传统，特别注重意境的创造，诗画作为我国重要的古典艺术，以"意境"为轴心，彼此交叉又互相渗透。中国的古典艺术也正是借助于"意境"这个生命范畴而相互联系，相互作用，并按照一定方式组成具有民族特性的有机统一整体。

## 《清明上河图》

《清明上河图》是北宋画家张择端的作品，也是国家的一级国宝。《清明上河图》被列为十大传世名画之一，长528.7厘米，宽25.2厘米，是一幅恢宏巨作。

《清明上河图》描绘了北宋国都汴京（今河南开封）在清明节这一天的风俗景象。这幅画采用了散点透视的构图法，将繁杂的景物纳入统一而富于变化的图画中，这是当时世界上独一无二的构图法。张择端在5米多长的画卷里，融进了550多个形形色色的人物，牛、马、骡、驴等牲畜五六十头（匹），车、轿二十多辆，大小船只二十多艘。房屋、桥梁、城楼等也各有特色，体现了宋代繁盛时期的热闹景象，同时向我们展示了当时宋朝的建筑美，具有很高的历史价值和艺术水平。

由于这幅画有5米多长，因此人们根据描绘的不同内容，将这幅画分为三段。前一段描述的是首都汴京郊区的样子，疏林、薄雾、小桥、流水、茅舍，还有两个脚夫赶着五头驮着东西的毛驴，林木刚刚返青，泛着点点新绿，人物不多，但是有人有车有驴，向我们展示了一幅踏青归来图，正是"清明"这个时候的真实写照。

中间段是汴河两岸码头的繁忙景象，随着镜头的推进，画面转到了较为繁荣的市里。到了这一段，人逐渐多了起来，可以说是人声鼎沸。两岸的人们有的在品茶，有的在匆忙地走着，有的在饭馆吃饭，还有无聊的人蹲在算命先生旁边看着别人算运。两岸人来人往，河面上也不清闲，河中船只来来往往，码头上的纤夫们也是忙得不亦乐乎。其实画的中间段，最为醒目的是一座拱形桥，桥不仅有形式美，相传还有个美丽的名字，叫"彩虹桥"。桥上人来人往，互相打着招呼。桥下正好有一艘大船经过，船上的人有的在撑船，有的在用竿钩住桥梁，还有人用麻绳挽住船，忙着放下桅杆，好使得船通过。邻船和桥上之人争相观看，指指点点。附近的路上也是车来车往。作者描绘出一个水陆交通一派繁忙的景象。

后段为市区街道的热闹场景。这一段以耸立的城楼为中心，两边屋宇鳞次栉比，分列着茶坊、酒肆、脚店、肉铺、庙宇、商店、药铺等等。街市上的行人擦肩接踵，熙熙攘攘，有做生意的商贾，有看街景的士绅，有骑马的官吏，有叫卖的小贩，有乘坐轿子的大家闺秀，有身负背篓的行脚僧人，有问路的外乡游客，有听说书的街巷小儿，有酒楼中狂饮的豪门子弟，有城边行乞的残疾老人，男女老幼，士农工商，三教九流，无所不备。往来的交通工具轿子、

169

骆驼、牛马车、人力车等样样俱全，也都一一展现在观者的眼前。在全幅总计5米多长的画卷里，作者共描绘了各色人物数百个，牲畜数十匹（头），车轿20多辆，大小船只也有20多艘，不同建筑也各有特色，把一派商业都市的繁华景象绘色绘形地展现在人们的眼前，很大程度上体现出宋代建筑的特征。

《清明上河图》是《东京梦华录》《圣畿赋》《汴都赋》等著作的最佳图解，具有极大的考史价值，继承和发展了失传已久的中国古代风俗画，尤其继承了北宋前期历史风俗画的优良传统。

北宋以前，中国的人物画主要是以宗教和贵族生活为题材。张择端虽然是在翰林图画院供职，创作的作品都为"院体画"或"院画"，但他却把自己的画笔伸向社会各阶层人民的生活之中，创作出描写城乡生活的社会风俗画。《清明上河图》画了大量各式各样的人物。而且，张择端对每个人物的动作和神情，都刻画得非常逼真生动。这和他的生活不无关系，张择端自幼聪明好学，经常到汴京游学，经常观察汴京人民的生活状态。张择端虽然是"画院"派，但是他也经常深入群众去观察人民大众的生活。我们可以用一句话总结：艺术来源于生活，而又高于生活。

## 黄公望《富春山居图》

黄公望是元代四大画家之一，画史上称他是"元四家"之冠。他幼年时极其聪敏，极具天赋，善书法，通音律，能作散曲。中年时，他曾经做过小官，但是他性格孤傲，得罪了权贵，在监狱中度过了几年。出狱后，他便浪迹江湖，寄情于山水。50岁左右时，他开始专心研究山水画，集众家所长，自成一家。他的代表作品有《富春山居图》《九峰雪霁图》《天池石壁图》等。其中，最负盛名的就是他的《富春山居图》，这幅画在近年又被赋予了新的意义。

据说黄公望出狱后，就隐居在常熟一带。那里有山有水，环境很幽静，每当明月当空的夜晚，黄公望都会荡船湖中。他有一个习惯，就是每次游湖都会在船尾系一个酒瓶，他一边赏月，一边饮酒，一边吟诗作对。每次将瓶中的酒喝完，他就驾着小船返航。但是每次他上岸前，都会把瓶子扔进湖里，然后仰天长啸。慢慢的瓶子积累成山，露出了水面，当地的人们很好奇，就去挖，结果挖到了满满一船的酒瓶。看到这段描述，黄公望貌似给人一种放荡不羁的感觉，很有当年阮籍"穷途之哭"的影子。黄公望和阮籍一样，放浪不羁只是一个表象。黄公望在畅游的时候，不是单纯地在喝酒吟诗，而是在用心观察周围的山山水水，山水虽然是物，但是它们在不同的情况下也是会有不同的反应的。正是黄公望的这段经历才能使他的山水画达到一个很高的境界。

黄公望的佳作《富春山居图》，是他在近80岁的时候开始创作的作品，是他的心血之作。《富春山居图》长31.8厘米，宽51.4厘米，描绘的是以浙江富春江为背景的山水画。画中有峰峦叠嶂、林木村落、平坡亭台、渔舟小桥和飞泉茂林，景物十分丰富，但是画面没有丝毫的凌乱感，景物都是各就各位，有条不紊，犹如天成。为了画好这幅画，他终日不辞辛劳，奔波于富春江两岸，观察烟云变幻之奇，领略江山之胜，并身带纸笔，遇到好景，随时写生，富春江边的许多山村都留下了他的足迹。或许他在常熟一带的传说就是事实，只是当地的人在黄公望出名之后，将那个故事夸大了，神化了而已。黄公望敏锐和耐心的观察、深入的体验，为《富春山居图》提供了真实的素材。这幅画耗费了黄公望7年的时间，从观察、下笔到完成，长时间的积累才换来这幅举世无双的作品，这也是黄公望与富春山水情景交融的结晶。

这幅画一经问世就赞叹声不止，曾经辗转于许多大收藏家之手，到明末时被大收藏家吴洪裕收藏，他极爱此画。在所有收藏品中，他平生最珍爱两件书画：一件是智永法师的《千字文》真迹，另一件就是这幅《富春山居图》。由于太珍爱这两幅书画，他不舍得与它们分开，吴洪裕在临终前，居然想和这两幅书画永不分离，命令家里人将这两幅书画烧掉，永远地和他在一起。大家虽然很不情愿，但是看到吴洪裕对书画的深情，不得不执行命令。他们首先将智永法师的《千字文》真迹点燃，看着它一点点化为灰烬。当烧《富春山居图》时，刚刚点燃，吴洪裕的侄子实在看不下去，冒险从火中救出了这幅画，可是它已经被烧成了两部分。其中，较长的后段称《无用师卷》，现藏于台北故宫博物院；前段称《剩山图》，现收藏于浙江省博物馆。

《富春山居图》被毁后，很长时间一直是"身处两地"，前后段再也没见过面，一个被收藏在大陆，一个被收藏在台湾，分隔两地。公元2011年6月1日，台北故宫博物院上演了"山水合璧——黄公望与《富春山居图》特展"的感人一幕。这件珍品360年后首次"合璧"，感动了无数的中华儿女，这也是两岸友好交流的典范行为。

## 阎立本《步辇图》

阎立本，唐朝著名画家，擅长人物画，在唐代颇有盛名。他的父亲是隋朝时著名画家，哥哥也是有名的画家，但生在绘画世家的阎立本却告诫儿子不要学画画。

在唐太宗时期，阎立本虽然已经是刑部尚书，但是也兼御用画师之职。有一次，唐太宗和诸大臣在春苑池游玩，吟诗作对，突然唐太宗发现了一只很漂亮的鸟，为了留住这刻的美丽，皇帝让大臣们赋诗的同时，也下令阎立本将它画下来。命令传下去，阎立本不得不从，只好拿着画笔等画具来到池边。阎立本作画时有一个毛病，就是习惯将画笔放在嘴里理顺。于是他每次作画嘴上都是红一块青一块，看着很是狼狈。阎立本看着高兴的皇帝和大臣，又想到狼狈的自己，心中升起一种不平之气。回到家后，阎立本就很严肃地告诫自己的儿子，以后要多读书，不要学画画，以免只是一个随叫随到、不被尊敬的画师。

阎立本可能只是一时说气话，可能是厌恶那种被遣派的感觉，才不让儿子学画画。但是阎立本却没有因此而放弃作画，而且他画了一幅举世闻名的《步辇图》。《步辇图》被视作封建礼教的政治化产物，但是它的艺术价值是不容否认的。

《步辇图》是"中国十大传世名画"之一，作品以色彩美和线条美著称于世，具有珍贵的历史和艺术价值。《步辇图》是以贞观十五年（公元641年）吐蕃首领松赞干布与文成公主联姻的历史事件为题材，描绘唐太宗接见来迎娶文成公主的吐蕃使臣禄东赞的情景。画的右半边是在宫女簇拥下的唐太宗，这也是全画的焦点。画中的唐太宗目光炯炯有神，喜悦的神情中带着帝王的不可侵犯的威严，充分表现出唐太宗的帝王之风。周围的宫女们，身材娇小，她们或执扇或抬辇，或侧或正，或趋或行，与步辇中的唐太宗形成鲜明的对比，从而更好地表现出主要人物唐太宗的庄严。画的左半边是三位恭敬的大臣，分别是典礼官、禄东赞、通译者三人，他们三人身份不同，神情也是大不相同。典礼官是唐太宗的大臣，任务是引领禄东赞觐见唐太宗，这时的他只是一脸恭敬地站着，一语不发。中间的禄东赞则是谨慎地思索着如何与唐太宗交谈才能达到自己和亲的目的。站在最后的通译官更是谨小慎微，恐怕听错一句话或说错一句话。整幅画向我们展示的是禄东赞觐见唐太宗时的一个场景，但没有丝毫的呆板感，这还要归功于阎立本擅长的色彩和线条。

这幅画的色彩，给我们一种喜庆祥和的感觉，因为整幅画是以红色为主色调，而红色又是我国传统意义上喜庆热情的颜色。处在正中央的典礼官一身红衣，既能吸引人的眼球，又很符合他的身份。

但是全图只有他是一身红衣，未免显得太抢眼，而且也营造不出那种喜庆的氛围，因此作者在宫女的服饰和宫女所打的伞上又适当地使用了红色，这样就使得整幅画显得和谐又喜庆。为什么不是别人穿红衣呢？这是有一定说法的。禄东赞和通译官是来自西藏的使臣，少数民族的服饰和中原的大不相同，他们的服饰一般不会有通体是一个颜色的设计。皇帝的服饰一般也不会是红色。中国的传统黄色是皇家专用色，因此画中的唐太宗是一身土黄色（可能是因为年代久远的原因）的服装。阎立本通过颜色的搭配既显示出一种喜庆氛围，又不失皇家的风范以及社会事实。

再看画中的线条美，可见作者的表现技巧已相当纯熟。衣纹器物的勾勒墨线婉转流畅中时带坚韧，直缓有度，顿而不滞；主要人物的神情举止栩栩如生，一处小小的描绘就能体现出来或谨小慎微或庄重威严，写照之间更能妙传神韵；图像局部配以晕染，如人物所着靴筒的折皱等处，显得极具立体感；宫扇上的线条给人一种迎风飞舞的感觉，好像这一景发生在我们眼前一样真实可见。

线条美和色彩美使这幅画的艺术价值达到了一个不可超越的高度，成为一个时代的典型标志。

## 周昉《簪花仕女图》

周昉，唐朝著名画家，生于仕宦之家，经常和王公贵族相来往。周昉擅长文辞，亦善于作画，他以人物画见长，其画风为"衣裳简劲，彩色柔丽，以丰厚为体"。他一生创作了许多作品，尤以"仕女系列"最为出名。

京都长安的一座道观里的水月观音画像、大云西佛殿前的行道僧画像、广福寺佛殿前的两面神画像，都奇特绝妙。这些画像，都是周昉的作品。周昉后来官任宣州别驾。在任期间，禅定寺邀请他画一幅北方天王像。但是周昉苦于找不到对象，经常是苦思冥想，寝食难安，直到有一天周昉想累了，在桌子旁边睡着了，在梦中见到了一个人，这个人神采飞扬，正是他要找的北方天王的形象。他从梦中惊醒，拿起画笔一气呵成，人物顿时在他的笔下栩栩如生。周昉画人世间的男人和女人，可称得上是古今第一圣手。《簪花仕女图》就是他众多画作中杰出的一幅。

《簪花仕女图》是全世界唯一认定的唐代仕女画传世孤本，现藏于辽宁省博物馆。"仕女系列"画作是唐朝雍容华贵的缩影，尽显富贵荣华之气。唐朝是我国封建社会的全盛时期，各方面都达到了鼎盛。唐朝在如此强盛的前提下，统治者对国家的统治政策比较宽松。唐朝的女子也有了一定的社会地位，不再是大门不出二门不迈的"大家闺秀"了，她们可以在特定的日子出去游玩，可以交朋友，等等。另外，我们从"四大美女"之一的杨玉环可以知道，唐朝是以胖为美的，因此仕女图中的女子，身体都比较丰腴。"仕女图"在唐朝很流行，画作通过对她们生活的描述，也可以体现出唐朝的繁荣和开放。

周昉的《簪花仕女图》画的是贵族妇女在春夏之交赏花游园的情景，图中向我们展示了五位仕女和一名侍者的风姿。她们在幽静而且空旷的庭园中，和白鹤、蝴蝶玩乐。每个仕女看上去都很丰腴，都是高髻簪花、晕淡眉目、露胸披纱的打扮。如果不仔细看，仕女们给人的感觉就是长得都一样。但是等你去仔细观察她们的时候，你就会发现她们每个人都有每个人的特点，就好像每个人都有每个人的心思似的。

右起第一个人穿着朱色长裙，外搭紫色纱罩衫，上面披着朱膘色帔子。头上插着一朵盛开着的鲜艳牡丹，侧身右倾，左手拿着拂尘引逗小狗，显得俏皮可爱。在她对面立着的贵妇披浅色纱衫，朱红色长裙上饰有紫绿色团花，上搭绘有云凤纹样的紫色帔子。她右手轻提纱衫裙领子，好像当时的天气无比闷热似的，她也可能是在想,以前的女子不能像我们一样穿纱衣,那该多热啊!

右数第三位是手执团扇的侍女。相比之下,她衣着和发式不为突出,但神情安详而深沉,毕竟是侍女,不能太放肆,在主子面前只能是安分守己,与其他嬉游者形成鲜明对比,不过看着大家玩得开心,她心里应该也是高兴的吧。接下来是一位喜欢荷花的贵族女子,只见她头上插着荷花,右手还拿着一枝开得正艳的荷花,嗅了又嗅看了又看,喜欢得不得了。她穿着一身白色的格纱,与头上、手中的红色荷花交相辉映,真是"人面荷花交相映",美不胜收。

接下来贵妇好像是被这边的热闹场景吸引过来的,正从远处缓缓走来。她头上戴着海棠花,身着朱红披风,外套紫色纱衫,双手紧拽纱罩,似刚刚有一阵风吹过。头饰及衣着极为华丽,超出众人之上,神情似有傲视一切之感,内心极其喜欢却表现出一种不屑。

最后一位贵妇,髻插芍药花,身披浅紫纱衫,束裙的宽带上饰有鸳鸯图案,白地帔子绘有彩色云鹤。她右手举着刚刚捉来的蝴蝶,眼中透露出骄傲自豪之态,虽然体形丰硕,但是也不失窈窕婀娜之姿。

整幅图为我们展示了五位仕女和一位侍女在庭园中嬉戏游玩的情景,显示出仕女们的悠闲之姿。每位仕女都面容姣好,画家通过她们的不同行为动作,展示出她们不同的性格特点:有的乖巧温顺,有的俏皮可爱,有的雍容华贵,有的傲视群雄,有的安静贤淑。她们的穿着虽然有些不同,但是都是唐朝时期流行的衣着,而且衣服的样式和别的朝代都不同,更加大胆,更加鲜艳,这也可以看出唐朝的繁荣与开放。

历代对周昉的这幅《簪花仕女图》评价颇高。宋《宣和画谱》载:"传写妇女,则为古今之冠,其称誉流播,往往见于名士诗篇文字中。"周昉用简单的线条和巧妙的着色,将画中人物描绘得活灵活现,生动逼真。这幅《簪花仕女图》不愧是"仕女系列"中的"花魁"。